平凡社新書
841

下山の時代を生きる

JN153080

鈴木孝夫
SUZUKI TAKAO
平田オリザ
HIRATA ORIZA

HEIBONSHA

まえがき

平田オリザ

鈴木孝夫先生は、私が現在の演劇理論を構築するにあたって、もっとも影響を受けた言語学者である。二十代前半、特に韓国に留学していた二二歳から二三歳の一年間、私は先生の著作を読みあさり、様々な思索を巡らせた。それは私の韓国語習得の過程の時期と重なり、これが、日本語を相対化し俯瞰して見る習慣を身につけるきっかけともなった。

あとから振り返れば、それは、七〇年代以降に登場した「言語相対主義」（言語相対性仮説）を源流とし、その紹介の先頭に立った鈴木孝夫という大河の水が海に注ぎ出る、その河口のあたりで、私はうろうろ、水浴びをしていたことになる。

こうして、それから三十年以上の時を経て、初めて先生に直接お目にかかり、対談をさせていただき、共著を出せるということは望外の喜びだ。人生には、たまにこういった、ご褒美のような「時」が訪れる。

私が受けた影響について、詳しくは本文を読んでいただくこととして、ここでは、その背景だけを記しておく。

きわめて大ざっぱに言うと、日本の近代演劇約百年の歴史の、前半の半分は、いかに西洋の演劇を輸入するかが大きな課題であった。そして後半の半分は、それへの反発、あるいは、そこから派生した諸問題の解決に費やされた。私の演劇人生は、その最後の四半世紀に位置する。

鈴木先生も指摘するように、日本人は、きわめて文化摂取が巧みな民族であった。最初は猿まねと揶揄《やゆ》されても、やがて本家の西洋よりも精緻《せいち》で高度な技術を生み出し、国を豊かにしてきた。これはやはり、私たちが誇りにすべき美徳であろう。

ただし、芸術は残念ながら、車やテレビを輸入するようにはいかなかった。とりわけ、話し言葉を扱う演劇は、一筋縄ではいかない。

難しい話ではない。ビデオも、カセットテープもなかった時代、演劇の「輸入」はたいへんな困難を伴った。音楽ならば、楽器と楽譜と指導者がいれば、美術ならば、複製画と絵の具と指導者がいれば、かろうじて輸入は成り立っただろう。しかし、演劇はそうはいかなかった。生の舞台を観ないことには、近代演劇の概念すらつかむことは出来ない。実際、演劇の近代化の初期の歴史は、その大半が、洋行帰りの人々の、文字通りの「見よう見まね」で進められた。

また、日本の近代演劇の輸入は、音楽や文学よりも、その出発点が遅く、そのために独自の発展を遂げるだけの成熟の期間が取られなかった。このあたりのことは、『演劇のことば』(岩波書店)に詳しく書き記した。

西洋の近代演劇を輸入する際に、当時の演劇人は、セリフの書き方まで直輸入をしてしまった。そうして、セリフの言葉は、日本人の思考から乖離し、演劇そのものを市民社会から遠ざけてしまった(と私は考えている)。

言語体系が違えば、自ずと、戯曲の言葉は違うあらわれ方をするだろうという単純な事柄を、私は鈴木先生の一連の著作から直感した。その直感の内実については、本文を読んでいただきたい。

もう一点、私がこの対談を切望したのは、鈴木先生の著作が、世の中にはびこる「日本礼賛本」たちと並べられて紹介されているのをネット上で目撃したからだ。しかもそれは、リベラルサイドからの、「トンデモ本」としての揶揄の記事であった。おそらく、その記事を書いた人は、著作の中身を見なかったのだろうし、そして鈴木孝夫という学者の存在も知らなかったのだろう。

文中でも述べたように、鈴木先生の発言は、ともすれば誤解を受けやすい。まして、『日本語教のすすめ』などと書いてあれば、その手の本だと勘違いをされても仕方ないかもしれない。

この対談は、そのような誤解を晴らすための企画でもある。長い対談のあと、最後に私は、鈴木先生に次のように伝えた。

「先生は、とても素晴らしい方ですが、恥ずかしがり屋の子どものように、わざと厳しい言葉を使われますね。普通の人は邪悪な心を糊塗《こと》するために甘言を弄します。

苦い薬を飲みやすくするように砂糖をまぶすみたいにです。でも先生は、温かいお気持ちや真心を、わざと厳しい言葉で覆われる。そこから生まれる誤解を解くのが、この本の目的です」

鈴木孝夫といえば、私たちの世代にとっては、大学入試の現代国語に頻出する、もっとも重要な作家であった。本書が、いま一度、多くの若者が鈴木先生の著作に接するきっかけとなるなら、三十年来の心の使徒として、これ以上の喜びはない。

下山の時代を生きる●目次

齢九〇を迎えた言語学の泰斗、鈴木孝夫の私物の多くは拾ってきたか、知人の葬儀に出席して故人の使っていたものを貰ってきたかのどちらかだ。

「このコートは親戚の渡邉さんのだし、この靴はゴミ捨て場に捨てられていたものをまだ使えるから拾ってきて、知り合いの靴屋さんに直してもらった」

と、こともなく語る。渋谷の自宅も軽井沢の山荘も、放っておけばゴミの山になると娘の由美子は嘆く。

鈴木はその著書『人にはどれだけの物が必要か』(新潮文庫)などで、行き詰まった現代文明の末期症状を描く。実生活では徹底的にエコロジカルなスタイルを実践し、「人類自滅の時」を少しでも先のばししようとする。

地球上には五〇〇〇万種とも言われる生命体が生存しているにもかかわらず、人間だけを絶対視し、身勝手な世界観を作り上げてその幸福と繁栄のみを希求する西洋型文明はすでに終焉を迎えている。万物流転とすべての存在のつながりを認める古代性を内に温存している日本文明の、二枚腰的二重構造が世界を救う。いまはさらなる高みを目指すどころか「下山の時代だ」と、鈴木は主張する。

一方、演劇界のみならずアカデミズムや地方自治の現場などでも活躍する平田オリザは、月の三分の二以上は地方や海外で活動している。九〇年代中期から全国各地を舞台に演劇ワークショップを展開し、地方の疲弊を目の当たりにしつつ、この国の文化的脆弱さを常に指摘してきた。

その著書『下り坂をそろそろと下る』（講談社現代新書）では、司馬遼太郎の『坂の上の雲』の冒頭部をもじり、こう書いた。

「まことに小さな国が、衰退期をむかえようとしている」
・日本はもはや工業立国ではない。
・この国は成長はせず、長い後退戦を戦っていかなければならない。
・もはやアジア唯一の先進国ではない。
これからの日本と日本人は、この三つの「寂しさ」を受け入れなければならないと説く。

一見無縁に見える二人だが、実は三〇年以上前から一本の太い幹で結ばれていた。

それは日本と日本文明が持つオリジナリティへの公正な評価であり、明治開国以降、欧米一辺倒できた日本の社会、人文学系の学問への疑問だった。

オリザはICU（国際基督教大学）在学中、二二歳の時の韓国留学時代、鈴木の『ことばと文化』（岩波新書）を熟読し、「演劇的言語観の基礎」を学び、そこから「現代口語演劇」と呼ばれるオリジナルな理論を編み出した。その意味でも敬愛する鈴木との初めての出会いから生まれた対談は、長年の師弟のように、和やかに始まった。

対談構成　神山典士

第一章 いま求められる日本式の思考スタイル

「現代口語演劇理論」はいかに生まれたか

鈴木　『下り坂をそろそろと下る』（講談社現代新書）を読んで、私と同じようなことを考える変な人がいるなぁと思いました（笑）。

平田　鈴木先生に「変な人」、まして「同じようなことを考える変な人」とおっしゃっていただくのは、ぼくにとっては最高のほめ言葉であり、また一方で、至極当たり前のことなんです。今回の対談に当たって鈴木先生の著作をすべて読み返してみたのですが、自分がこれまで、いかに先生の影響を受けてきたか、いかに先生から物の見方を教えられてきたか、それを改めて感じました。

それはある種、マインドというよりもスピリッツと呼べるものかもしれません。まず一つには「西洋、何するものぞ！」という感じですね。

もちろん西洋の文化文明も素晴らしいけれども、西洋を起点にして考えるからおかしくなってしまう物事もたくさんある。日本には日本独自の文化があって、西洋の文化を無理やり当てはめると齟齬《そご》が出てくるものも多い。特に言葉のことでは、西洋とは違う見方ができるんじゃないかということを、一九八四年に韓国に留学していた一年間、鈴木先生の本を貪《むさぼ》るように読んで無意識のうちに会得しました。あの時は韓国語を習得する過程でもあり、当然日本語というものを相対的に見ることの出来る毎日だったので、これらのことを自覚的に考えられたんだとも思います。

当時、大学で演劇を始めていた私は、それまでの日本の演劇、ことに新劇のセリフがなんであんなに臭いのか、暑苦しいのかということをいつも考えていました。そして、この韓国留学中に、様々な思考を巡らし、それがのちに完成する「現代口語演劇理論」と呼ばれるものの基礎になりました。その言語学的な視点をいただいたのが、鈴木先生の理論だったのです。

鈴木　たしかに日本人は明治以来、西洋人とは体型が違うのに着なれぬ洋服を着て無理に身体をそれにあわせようとしてきた。当時は日本が生き残るためにはやむを得ない選択だった。でもいまは「我々は違うんだ」と胸を張っていい時代となったんです。

平田　鈴木先生がおっしゃる「翻訳文化」の一番の典型が演劇です。いまの若手演劇人に話しても信じてもらえませんが、一九六〇年代まで、日本で上演された近代演劇の八割から九割は翻訳劇でした。チェーホフとかイプセンとかですね。

しかもいまのようにこなれた訳ではなかったので、非常に言いにくいセリフでした。俳優はそれをいかに日本語っぽく喋るかという困難な、ある種不毛な努力を続けていたんです。

セリフについて考えると、まず一つには語順の問題が大きいと思っています。ある演劇の教科書に「この竿を立てろ」という例文があって、竿を強調したいときには「竿」に力を込めて発声しなさいと書いてある。あるいは「立てろ」を強調したい時は、「立てろ」に力を込める。それを繰り返し練習することで感情表現の演技がうまくなると書かれている。

いまも流通している教科書の一例なのですが、ぼくは実際の日本人はそんな言い方はしないだろうと考えた。日本語というのは語順が非常に自由です。それから普通はあまり意識していませんが、欧米の言語に比べて名詞の繰り返しを嫌わない。

そのために、強調したいものがあったら、言葉の前に持ってきて繰り返せばいいという、もう一つの特徴がある。要するに「竿」を強調したかったら「竿、竿、竿、竿、その竿を立てて」と言う。「立てろ」を強調したければ、「立てて、立てて、立てて、その竿」と言う。ここでは強弱アクセントはほとんど要りません。強調したい部分は、語順で選べるんです。

ヨーロッパの近代演劇の伝統の一つは、台本を解釈し、セリフのどこを強調してどこを抑制するか、そこに気持ちを乗せて演じればセリフをうまく言えるというものです。つまり体型は日本人なのに、西洋人体型の背広を無理して着こなせと言われているようなものだった。

日本の戯曲がきちんとした日本語で書かれていたら、強調される言葉は原則としてセリフの前のほうに持ってこられているはずなので、西洋演劇的な台本解釈の必要は半減するし、もちろん、わざわざ強弱のアクセントを用いる必要もない。そういったことを韓国滞在中に考えて、その後一〇年間くらいかけて理論化したのがいま、現代口語演劇と呼ばれるようになった私の演劇理論の根幹です。

鈴木　あなたが韓国に留学していた八〇年代半ばといえば、ソウルでオリンピックがあったのが八八年だから、まだ日本ではNHKでも東大でも韓国語を教えていない頃です。私が慶応大学時代の教え子でもある言語学者の渡辺吉鎔《きるよん》と『朝鮮語のすすめ』（講談社現代新書）を出したのは八一年のことでした。

いま平田さんが語ったのと同じようなことを、声楽の専門家にも聞いたことがあります。

芸大にもヨーロッパ人の先生はたくさんいらっしゃるので、イタリアのオペラを歌うときはイタリア語で歌います。でも日本の歌を歌うときはヨーロッパ人の先生では教えられないでしょうと聞いたら、「ヨーロッパ語的に発声して歌わないと駄目なんだ」というのです。そんな馬鹿な話はないでしょう。ドイツ語のアクセントとかをマスターするのは難しいんじゃないかと思うんだけど、芸大には不思議なことに、そういう悩みはないようですね。

平田　悩みがないというよりも、そういう視点がないのですね。

鈴木　そう、視点がない。日本人は西洋と比較して彼らと「違う」ということは、こちらが劣っていることだとまだ思っているんですね。本当はそんなことはなくて、それぞれが「違う」ということは世界の多様性であって、国や民族によっていろいろな色があっていいのです。違うことに本質的な「上下」をつけるのはダーウィンの進化論的発想です。西洋人は「言語にしても宗教にしても芸術にしても俺たちがすべて最先端を行っていて、あとの有色人種は追いかけてきているんだ」と手前勝手に思っている。福沢諭吉も西洋が文明国だとしたら、我々は野蛮よりはましだけれど半未開人だと言いましたが、このような明治開国期の縦の序列意識が、世界の超大国になったというのに、日本にはまだ残っているんです。

だから多くの識者が何か語るときに「あちらでは……」と西洋の事例を出します。私はそういう人を「出羽守《ではのかみ》」と呼んでいる（笑）。いまでもそのレトリックを使いたいなら「こちらではこうやっていますが、あなたのところはどうですか？」と聞くべきです。

平田　しかし、先生の最近の著作で面白いなと思うのは、巷《ちまた》の日本礼讃本とは強く一線を画しているところですね。『日本語教のすすめ』（新潮新書）なんていうタイトルを見たら、日本礼讃の本だと期待して手にする人も多いと思うんですが、内容の八割は徹底した日本批判で、最後にちょっとだけ「だから日本も頑張ろう」的なことが書かれている。ぼくは読んでいて、その感覚がすごく痛快です。

鈴木 その流れで行くと、何か大きな問題が生じたときにNHKや民放のニュース番組では、銀座や新宿あたりで「この問題はどう思われますか?」と街頭インタビューするでしょう。その時に多くの人が「やっぱり……」と始める。それは自分でよく考えてみて「私はこう思う」という意思表示ではなくて、世の中で言われているように「やっぱりこう思う」という他者に追随する思考スタイルです。私は昔から「やっぱり」はやめて、「私はこう思う」と言う癖をつけるべきだと言ってきたのですが、そういう習慣を通じて、日本人は自信を持つことにつながると思うんです。

アメリカ人の基本的な思考スタイルは、有名なマニフェスト・デスティニー(先住民を追い立て殺しまくった西部開拓を正当化する理屈)に表れているように、「人類の運命とか、何が正しいかは俺が決める」という態度です。フランスはフランス革命を経験しているから、「自分たちが普遍だ」と信じている。世界の超大国はみんな徹底して自己中心なんです。その中で日本だけが「すみません、ここにおいていただきます」、「お邪魔にならないように端で結構です」なんてへりくだっている。今は国際化の時代だというならば、「俺がいなきゃここは始まらんよ！」と、わざわざ口に出してまで言うことはないけれど、心構えとしてはそうあるべきなのです。日本の存在と発言力は、他国が無視できないほど大きくなっているのですから。

いまの地球に必要な日本式の思考スタイル

平田　では、その日本の「大きさ」というところから。まず今日は、読者の方たちのためにも、少し基本的なところからおうかがいしたいと思っています。ぼくもよく学生たちに日本語というのは意外に大きな言語なんだと話すのですが、これは、世界の中でどのくらい大きな言語だと思えばいいのでしょうか？

鈴木　言語の大きさの基準は二つあって、一つはその言語が持つ世界的な影響力。

もう一つは喋っている人の数。絶対数です。

まず母語話者の数の観点から言うと、私もいろいろな大学でこれまで学生たちに何度も聞いたのですが、みんな情けない答えを返すんです。いま世界に約六〇〇〇の言語があるとすれば、日本語は何番くらいかと問うと、「やっぱり一〇〇〇番台でしょうか」とか「少し上に見積もって一〇〇位くらいですか」なんて言う。

正解は、上位一〇番を下ったことはないんです。これからはアフリカや東南アジア、中国でさらに人口爆発が起こるだろうから順位は下がるだろうけれど。明治維新以来、日本人は日本語のことをちっぽけな、駄目な、劣った言語だと思い込んできましたが、実はその間も話者数では世界の上位にありつづけた横綱級の言語なんです。

そういうことをおそらく日本で初めて明らかにしたのは、私が『閉された言語・日本語の世界』（新潮選書）を書いた時です。私は小学生の頃から「日本野鳥の会」のメンバーでしたし、一九五六年に発表した最初の論文も「鳥類の音声活動——記号論的考察」というものでした。だから鳥瞰図《ちょうかんず》、つまり空を飛ぶ鳥の視点で高いところからいつも物事を見ているから、細部よりも歴史的な流れとか全体の構図や輪郭がよくわかる。日本人はもっと日本を外から見る、世界の文脈で見る、鳥瞰図で見るということをやらなきゃ駄目ですね。

たとえば言語学では、日本語は西欧の言語のような冠詞がない、複数形がない、代名詞に男女の別がない、あるのは敬語だけで、その敬語も身分制の名残だとか言って六無斎《ろくむさい》（林子平）みたいに自虐的に語る学者もいる。

私は逆の見方をしなさいと常に言っています。ロシア語とかドイツ語では一度「たくさん」と言うと、その文章の最後まで、「たくさん」の概念を表示し続けないといけない。しかし日本語では「たくさんの何々が」と言うときに、文章を因数分解して共通要素を括って「たくさんの鳥が鳴いていました」と初めに一度言えば「鳥」も「鳴く」も「いました」もたくさんという概念でくくられる。ロシア語では「たくさんの鳥々が、鳴いて鳴いて、いましたいました」と言わなければならない。このようにたいていの欧米言語は日本語を基準として見ればむしろ余計なものを引きずっていることになる。

名詞の複数形にしても、ヨーロッパの言語は単数と複数は区別できるけれど、それ以上は区別できない。ところがインディアン（アメリカ先住民）の言語では、1から5までは名詞の形に区別があって、6以上を「たくさん」と語る。ヨーロッパの言語は古いギリシャ語やサンスクリット語などには、単数と複数のほかにも、二つで対《つい》や組になっている人やものを双数といって、区別することもありますが、2以上はみんな同じ複数形で一緒なんです。ですから白人の見下すインディアンの言語のほうが高級だとなってしまうのです。日本の学者たちはそういう視点から物を見ないから駄目なんです。もっと自分の目で、欧米が必ずしも最高ではないという疑いの目で見る必要がある。

平田　ただ日本語というのは、一番の特殊性は日本国内でしか使えないということですよね。あまり自分の国の言葉は特殊だと思う必要もないとは思いますが。

鈴木　多くの人はそう思っているとは思うけれど、国内でしか使えないのは特殊だからじゃないんです。

なぜ日本語が世界に広まっていないかというと、日本人はこれまで国外で侵略とか征服とか人殺しを世界で一番しない文明国だったからです。キリスト教は愛の宗教というけれど、世界の宗教の中で一番人を殺したのはキリスト教ですよ。彼らの定義では、信じない人は悪魔なんだから。「汝キリストを信じるや？」と言って、「信じない」と言ったら「悪魔じゃ」と言って殺しまくってきた。そういうひどい侵略、有無を言わせぬ征服の結果が英語などの西欧語の世界的な広まりの裏にある。

そもそもの考え方が世界を悪魔か、天使かなどと分けるからいけないのであって、ぼくの中にも悪魔はいる、でも時には天使にもなるよって場合とか見方とか状況によって使い分ければいいのに、そういう融通が利かない硬直した見方の宗教なんですね。仏教は仲間同士でも異宗教に対しても、あまり戦争はしないんです。

平田　ぼくもヨーロッパで多く仕事をしていますから、帰国するたびに日本は一番過ごしやすいし、こんなにいい国はないと感じます。他人が思う以上に、意外と愛国心はあるほうです。ただ日本語が日本の中でしか通じないことが、先ほど先生がおっしゃられた「私はこう思う＝I think」とか「私の哲学＝my philosophy」とか、そういう表現が苦手な民族にしてしまったのかなとも思うのですが。

鈴木　それはそのとおりで、言語のまったく違う異民族や世界観の違う人々と日常的に接触せざるを得ないことからくる、「俺が、俺が」と主張しないと生きられない過酷な風土や歴史的条件、それらを持っているのがヨーロッパなんですね。

卑近な例で言えば、レストランで仲間と食事をして、幹事がまとめて支払うなんていうのは日本だけです。欧米人は一人一人払うのが当たり前だし、中国人なんてレジ係は親族以外には絶対にやらせない。この例は他人が信用できるという感覚の強い、日本人の民族性を表しているでしょう。

私も以前は、「まあまあ」とか「そんなこと言わないで」といった日本人が持つ曖昧さ、いい加減さ、灰色加減がよくないと思っていました。ところがこれだけ世界で紛争や争いが多くなると、すべてに反射的に白か黒かの結論を出すことをしない日本式の思考スタイルが、実はいまの狭くなった地球には必要だと思えてきました。

平田　たしかにその通りですが、その感覚を外国人に伝えるのも、これがまた難しい。なにしろ、曖昧なものですからね。

世界に広めたい「タタミゼ」効果

鈴木　まだあまり広まっていませんが、あなたは近年私が熱心に説いている「タタミゼ効果」ってご存じ？　この言葉はフランスで使われ始めたまだ新しい言葉で、日本の「畳《たたみ》」をフランス語の動詞にしたものです。

私の周囲では、日本語を勉強したアメリカ人、フランス人、ロシア人がたくさんいるんですが、彼らが口を揃えて「ハッと気がつくと日本語を知る前と知った後では自分の人間性が変わった」と言うんです。学者にも多い。

その最たる例がジョン・レノンね。奥さんが元ジャズピアニストのオノ・ヨーコで、結婚する前は凄いマッチョな男で相手をなぎ倒すような考えの持ち主だったのに、ヨーコさんの影響で反戦主義者になり、思考も柔らかくなって歌も全然変わった。強いジョン・レノンに憧れていたファンはみんな離れていったけれど、ジョン・レノンはオノ・ヨーコと一緒になり、日本文化に接することによって平和主義者になって新しいファンを獲得した。

　どうも人を柔らかくする力を日本文化、あるいは日本語は持っているらしい。そういう例がたくさんあることに気づいたので、『日本の感性が世界を変える』（新潮選書）という本に、その効果の一部を書きました。

　この力というか働きを世界から争いをなくすことに役立てようと言うのです。原爆をやめるといいながら片方ではその話し合いも拒否するような国々の思考よりも、よほど世界平和に貢献できる。それがタタミゼ効果なんです。

平田　まさに今日の世界は、キリスト教、イスラム教という一神教同士がガチンコでぶつかっている時代ですからね。「いやいや、まあまあ」という思考スタイルをもっている国や民族の存在はとても大切だし、日本文化が世界平和のために果たす役割は非常に大きいと私も思っています。では、それをどうやって表現するか、世界に伝えるかは後で語ることにして、先生のお話を聞きながらいくつか思い当たったことがあります。

　ひとつは私が韓国語に関心を持った高校時代に、森有正《ありまさ》さん（哲学者、フランス文学者）というちょっと変わった人が「日本語には主語がないから自己主張ができない」と繰り返し書いていました。明治期に、英語を公用語にしようと主張した森有礼《ありのり》の孫ですね。ところが韓国の学者が、「いや、ちょっと待て」と言った。「韓国語にも主語はないけれど、韓国人に主体性がないわけじゃないし、東アジア中で最も自己主張する民族だ」と。「自国のことをいろいろ勝手に語るのは構わないけれど、日本語とフランス語の対比だけで論を進めるのは非常に欠落した議論ではないか」と。

高校時代、ぼくはそれを読んで一本とられたと思いました。日本語を、英語やフランス語だけとの対比で議論すると非常に偏ったものになってしまう。やっぱりもっと近い言語を学んでおかないといけないのではないかと思い至って、韓国語を学び始めたんです。

鈴木　まさにそのとおりです。三点測量ということを平川祐弘《すけひろ》さん（東京大学名誉教授、比較文学）も書いておられたけど、英語と日本語、韓国語と日本語というように二つだけを比べないで三点測量すると違った見方が出てくる。

私は最初は医学部に入って外国語はドイツ語から始めて、フランス語も学び、言語学に移ってからはギリシャ語、ラテン語、アラビア語、ペルシャ語、そしてトルコ語や朝鮮語などをかじりました。一〇やそこらの言語はできますから、それらの比較から議論できる。そうすると、いままでいろいろな学者が「日本語はこうだ」と決めつけてきたことが、いかに意味がないかがわかる。

たとえば人称代名詞というものが、言語には「普遍的にある」という考え方自体が間違っていることがわかった。これは『教養としての言語学』(岩波新書)にも詳しく書きましたが、人称というのはユーラシアの、私たちが今日、西欧、ヨーロッパと言っている地域の言語においては非常に強いけれど、アメリカ原住民の言語などにはないものがある。日本語も人称という概念を持ってくると何となくしっくりと説明しにくいという性質を持っている。しかし日本人は自分をどういう時になんと呼ぶか。相手を何と呼ぶか。その場にいない人は何と呼ぶか。それらを人称ではなく、自称詞、対称詞、他称詞という概念で考えると、日本語にはヨーロッパ語とは違う整然としたルールがある。その理論を具体的に説明した『ことばと文化』

が、欧米の言語学の受け売りではない、私の学問的なデビュー作になりました。

平田　日本語は人称が多彩にあるけれど、年上の他者を指す人称語がないから会話はできても対話ができない、苦手だという特徴がありますね。その鈴木理論を演劇界で一番使わせていただいたのがぼくだと思います。

鈴木　そうでしょう。だから汽車に乗ったとき、他者と向きあってもお互いに素性がわからないと相手を何と呼んでいいかわからない。英語なら誰に対しても「you」でいいけれど、日本語では目上の人に「あなた」とは言わない。そこで相手が年上なのか、社会的に地位がある人なのか、まずはそういう探り合いになって、「お孫さんはいますか？」「大学はどちらで？」なんてプライバシーに関することをうまく聞いて、相手との社会的距離を見定めないと話が弾まない。探りを入れるわけです。だから日本人の会話は結論が最後になる。時間はかかるけれど、その分相手と親しくなります。

ところがヨーロッパ人は、会った途端に「私は今日、こういう目的があってここにいる。あなたは？」と直接聞いてくる。だから西欧人は日本人の会話にイライラするわけです。逆にそういう日本的会話に慣れた西欧人は、いつのまにか性格が優しくなる。相手にあまり対立的、攻撃的でなくなる。そういう道理なんです。

これまで述べたような日本語・日本文化がもつタタミゼ効果は何に由来するのかと考えてみると、それは日本人が心の深いところでは多神教的だということにあると思う。これはアニミズムと言ってもよいのですが、宇宙の万物は互いにつながっていて、すべては流転しているという感覚ですね。大昔の人間はみなすべて、どこでもこのような宇宙観、世界観で生きていたのに、一神教が現れて、これをほとんど壊してしまった。日本人は表面はかなり西洋的になっているようですが、でも深いところはまだ古代的で、だから二枚腰の強さがあるのです。

語尾で情感が伝わる日本語

平田　ぼくは劇作家として、話し言葉を書くという特殊な仕事をしています。その経験から言うと、日本人は名詞や動詞で喋っているのではなくて、助詞や助動詞で喋っているのではないかと思っています。

鈴木　なるほどね。

平田　ところが助詞や助動詞というのは名詞や動詞に比べて変化が激しい品詞です。話し言葉や書き言葉でも、時代によって助詞や助動詞の使い方が違うので、劇作家はそこに追いつかない。だからセリフがどうしても硬くなる、「セリフの硬直性」というのがぼくの、もう一つの発見でした。

鈴木　万葉集とか古今和歌集とかいろいろな歌集、謡曲では、「てにをは」の使い方や接続詞の使い方、センテンスの尻尾のほうが大切ということですね。

この特徴を持っているのは日本語だけではなくて、言語学でいう膠着語《こうちやくご》、つまりいろいろな言語要素を後からベタベタとつけていくという意味ですが、トルコ語も朝鮮語もそういう特徴を持っている。それらの言語のセンテンスは前よりも後が大事なんです。

だから口の悪いヨーロッパ人は、日本人というのは相手の顔色をうかがっていて最後に「イエス」か「ノー」を変えると言うけれど、ドイツ語だって「ニヒト」という否定の言葉が最後に来たり、分離動詞で「アフ」とか「アップ」とかいうと意味が逆になります。文の最後に重要な言葉がくる言語は日本語以外にもいくつかあるんです。

そういう意味では、あんまり学のない人に日本語批判をしてほしくないですよね（笑）。

平田　たしかに微妙な意味の違いは語尾にある。名詞自身はわりあいに意味がはっきりしているのですが、ニュアンスというか情感が伝わるのは語尾なんですね。日本語の場合には、語尾の変化によって、誰が誰に対して語っているのか、目的語が省略されていても伝わる場合が多い。

鈴木　そのケースで一番有名なのが『源氏物語』で、相手が誰なのか、よほど人間関係とか当時の上下関係を知らないとわからない。人称代名詞を使っていないから。日本人だって間違うことがあるんだから、外国の翻訳者には難しいはずです。

日本語は結局、話の場に張り付いている場の雰囲気というものが非常に大切なんです。つまりハイコンテクスト（高文脈）のタイプの言語で、同じことを言っても文脈によって意味が全然違ってくることがあります。

イギリスやアメリカに代表される英語圏では、発言それ自身で九〇%は意味がはっきりしていて、誰がいつ、どこで、どんな状況下で言ったのかという問題はほとんどないのです。文脈依存度が低い。ところが日本語の場合は、誰がいつ、どこで、どんな状況下で言ったかという、複雑なノンバーバル（非言語的）な要素が大切になる。具体的な場面要素を知らないと正確に理解できません。そのことを理解しないと、日本語はうまく操れませんね。

会話と対話の違い

鈴木　言語の性質を考える上で、非常に参考になるのはノーベル賞の受賞者数です。ヨーロッパ語以外の国では、日本がいま最多ですね。物理、化学、医学生理学賞など、二三人もいます。他のアジア、アフリカの国は日本に受賞者の数ではまったくかなわない。

ヨーロッパ人はこれをとても不思議がる。というのも受賞式に立った日本人受賞者の英語がみんな下手だから。"I'm sorry, my English is poor." などと最初に言うので、この受賞者はインチキしたのかと思ったりする。

というのは、彼ら欧米人の前提は、そもそも英語などの西欧語でなければ、人類にとって初めてのすぐれた研究なんてできるはずがないと思い込んでいる。だから英語の下手な日本人がノーベル賞をどんどんとるのが理解できないのです。ところが人間は言語が違うと、世界の見えているものや場所が実は少し違うんです。

たとえば富士山には、宝永山《ほうえいざん》という瘤《こぶ》があるでしょう。あの瘤って、甲府側からは見えない。甲府側から見ると陰になる。ところが湘南あたりだと瘤がはっきり見えて、もっと西に進んで東海道側にくると、今度は瘤は富士山に吸収されてまた見えにくくなる。このように、立ち位置によって人間は同じモノの見え方が少し違ったり、まったく見えなかったりするのです。だからヨーロッパ人は、甲府から富士山を見ているようなもので、宝永山が見えない。

このように日本語という立場で見えているものがヨーロッパ人にはよく見えない。

その代わりヨーロッパ語で見えるものが我々にはわからなかったりするのです。日本人はたまたま日本語の立ち位置がヨーロッパとは違うのであって、どっちが上か下の問題じゃありません。どちらもお互いの世界観を正しいものとして比べあって、多様性を認め合えばいい。

ところがいまの日本人は二枚腰、二刀流になっている。衣食住でも宗教でも明治期以降、自分たち古来のものは「和風」として残し、新しく入ってきた西洋文明は「洋風」、しかも中国のものは「中華風」と二枚腰ならぬ三枚腰で受け入れてきた。つまり日本人はことさらに頭がいいわけではなく、他の民族より優れているわけでもないけれど、西欧人とは元来違う立ち位置にいる。だから西欧人とは違うものが見える。しかし日本語という立ち位置で見えるものが西欧人には見えない。ところがヨーロッパ語で見えるものは、我々日本人は明治以来、西洋を必死で勉強したから、いまではかなりわかる。だから日本人は複眼になったとも言えるから、東西文明の架け橋になれるのです。同じことを相撲用語で言うと、日本はいま世界の中で二枚腰的な性格の国になっているのです。

これからの日本人は自分のもつそういう柔らかい構造に自信を持つといいと思います。

平田　ぼくも演劇的にまったく同じ経験をしています。

近代演劇は、基本的にカンバセーション（conversation ＝会話）ではなくてダイアローグ（dialogue ＝対話）で成り立っている。知っている人同士のカンバセーションだと、重要な情報がお客さんに伝わりません。たとえば家族だけの会話だと、お父さんの仕事はいつまでたってもお客さんにわからない。なぜならお父さんの仕事は家族には既知の情報だから、会話に出てこない。子どもがお父さんに「お仕事何？」って聞くわけにはいきませんから。

そこで必ず劇作家は他者を登場させる。たとえば娘の恋人が家にやってくる。そんな時は日本のお父さんは最初奥に引っこんでいますから、お母さんが「いや、近頃銀行も大変でね」なんて言う。これで、お客さんは「あ、この家のお父さんは銀行員なんだ」という情報を得る。他者を登場させて対話の構造をつくることが大切なんです。

鈴木　そうなんです。ところが明治以前の日本にはあまり他者、特に文化や宗教を異にする外国人が深く入り込む機会がなかったので、本当の意味での異質の他者と対話する必要がなかった。

平田　そうすると、ヨーロッパで生まれた近代演劇の前提である対話やディベートという文化は成り立たないので、近代演劇を無理やり日本に入れても、そのままでは演劇として成立しないと思うんです。

単純な三段論法でいうと以下のようになります。日本人には対話がない、近代演劇には対話が必要だ、よって日本人には近代演劇はできない——となってしまうのですが、いやいやちょっと待てと。

ぼくはヨーロッパの大学で教えていて、この対話と会話の違いの話や近代演劇は対話で成り立っているという話をすると、英国人もフランス人もポカンとしてしまう。そんなことは考えたこともなかったと言うんです。当たり前のことすぎて、カンバセーションとダイアローグの違いなんて習ったこともないと口を揃える。

このように彼らには当たり前すぎて見えていないものが、日本人だからこそ見えるときがある。先生のおっしゃるとおり、日本人がとりわけ優秀だったわけではない。ただ、日本人がこの一五〇年間、一生懸命西洋に追いつき追い越せでやってきた中で、私たちが発見できたものもあると思うんです。ヨーロッパ演劇が当たり前すぎて見落としていたものを、日本の演劇人が発見できる。それがいまの日本人の強みだと思います。

鈴木　そうなんです。彼らにも我々が見えている風景を教えてあげることができる。それが日本人の役割の一つですね。日本の特質を教えることができれば、彼らの世界を広げることにもなるのです。

恵まれた歴史ゆえの日本の弱み

鈴木　明治の開国期に、ヨーロッパやアメリカの大学の重要な学問・学科というのはあらかた日本に輸入したのですが、一つだけ入れなかったものがある。それは弁論術です。ギリシャ、ローマ時代以来の伝統をもつ公開の広場（アゴラ、フォーラム）で、政治や学問、裁判、宗教問題までを多くの人々の見ている前で大声で論じ合い、勝敗を決めるという言語競技に必要な技術を磨く学科です。現在のドイツの大学でさえ文学部の中心には「言葉を使って相手をどう騙《だま》すか＝詭弁《きべん》、ディベート」という学問があります。

これを日本のアカデミズムは取り入れなかった。取り入れる必要がなかったというよりも、日本人の言語観は「武士に二言はない」とか、真実しか言っちゃいけないというメンタリティなんです。相手に嘘をばれないようにうまく言うということが社会的に必要とされない内輪同士の歴史だったので、この分野だけは取り入れなかった。なぜなら本当の意味での異質の外敵に日本は直接さらされることがなかったからです。

歴史的に見て、日本は非常に恵まれていたんです。強力な外敵に囲まれてしょっちゅう皆殺しにされたり、奴隷として売られたり、金銀財宝も略奪され尽くす歴史の連続だったらすごい面従腹背の嘘つき民族になっていたんだろうけれど、大陸から適度に離れた島国であったおかげで、そういう経験がない。嘘をつく必要がなかった。だから嘘、つまり詭弁の訓練も必要ではなかった。

そういう恵まれた歴史があったことが、いまのような国際化時代では日本の大変な弱みになっていることを、日本人は知らないといけませんね。

平田 韓国の文化人類学者から聞いたことなのですが、有史以来、一定数の死者を出した韓国での戦乱の数と、日本での自然災害の数が同じくらいだというのです。

日本は戦国時代のような特殊な時代を除いて本当に戦乱が少なくて、戦争で死ぬよりも自然災害で死ぬ人のほうが多かった。韓国は自然災害はあまりないのですが、大国に接していますから常に侵略される。そういう国は、たしかに詭弁術も磨かれますね。

鈴木 私はそれを日本人の「不沈戦艦幻想」と呼んでいますが、特別な努力などしなくても日本という国は永遠になくならない、私たちは水、平和、日本語、領土は永遠にあり続けるという「不沈戦艦幻想」にとらわれている。そういう幸せな民族なんです。

ヨーロッパでは、歴史上戦争が続いている時のほうが平和な時よりもはるかに長いので、平和は自分の力で血を流して勝ち取り守らないといけないことは骨身に沁みている。スイスなんていい例です。かつて永久に戦争しないと宣言したスイスはそれでも国民皆兵で、男子は四〇歳になるまで毎年軍事訓練を受けないといけない。どの家にも鉄砲や弾薬が用意されていて、食料は三ヵ月分備蓄されている。自分で戦争を放棄するといったって、相手がいるんだから攻め込まれたらどうする。自分が戦争を放棄したから、悪い人は攻めてこないなんて考えるような、お人好しじゃないんです、ヨーロッパ人は。

平田　いま鈴木先生がおっしゃったように、日本は自然災害が多いけれど、これはその場をしのげばいいから土地にすごく執着する。土地を一所懸命に守る。

韓国の場合は戦乱が起きるたびに逃げますから、散り散りになったその先でまた血縁を頼ってコミュニティをつくる。いまでも韓国人は、カナダでもアメリカでも親戚を頼ってどんどん移民していきます。私たちはよく日本と韓国はともに地縁・血縁社会というけれど、本当はまったく違っていて、日本は強い地縁型社会。韓国は血縁型社会。それは言語や文化の違いに大きく影響していますね。

鈴木　まさにそうです。アジアの中でも日本と韓国は民族的にも言語的にも近いからわかりあえるという人がいるけれど、私はいい意味でも悪い意味でも両民族はそんなに簡単にわかりあえるものじゃないと思っています。

平田　ぼくはいま東京藝大におりますので、アートマネジメントと呼ばれる文化政策、芸術政策を教えるのが仕事なんですが、韓国はいま文化予算がGDP比で日本の六倍とか七倍ある文化大国です。非常に文化に力を入れている。それに比べると日本は文化予算が非常に少ない。先進国の中では最も少ない。

鈴木　たしかに教育と文化予算が今はものすごく少ないよね。ことに対外的に、日本の良さを積極的に売り込む姿勢がほとんど見られない。

平田　韓国のほうが文化予算が多いのはなぜかと学生に質問すると、いろいろな意見が出てきます。愛国心が強いからとか、日本は一億二〇〇〇万人の人口だけど、韓国は五〇〇〇万強の人口だから、芸術も輸出を前提に考えているからとか。韓流ドラマの成功などは、たしかに政府の後押しがありましたから。

しかし、ぼくが期待している答えは、「一時期日本に植民地支配されて文化を奪われた歴史があるから」というものです。それを回復するために、独立以降ずっと民族芸能の教育に力を入れてきた。

日本はそういう歴史がない。文化や言語を奪われた経験がほとんどない。先生がおっしゃるように、固有の文化は当たり前にあるものだと思っている。だから大阪市長が文楽をなくすなんてことを言い出すわけです。そんな政治家は韓国だと絶対に当選しません。

鈴木　あり得ないですね。

平田　文楽にしろ能にしろ、長い間、実にいろいろな人が必死に守ってきたものなんですが、いまは当たり前のようにあるので、「守る」という感覚がなくなっています。

鈴木　日本人が自分たちの言語や文化に対してこれまで持ち続けてきた不沈戦艦幻想は、いまのように世界の時間と距離が短くなってくると非常に脆《もろ》い。いい例が、第二次大戦の時の「戦艦大和」です。開戦当時、世界最大で最強と言われていましたが、戦争が進むにつれて護衛戦闘機が一機もいなくなってしまったから、アメリカの三〇〇機以上の戦闘機に蜂の巣にされてあえなく沈んでいった。
いま日本はまさにこの護衛戦闘機不在の「戦艦大和」状態だから、このままでいくとあっというまに日本がなくなるという、「まさか」の事態が起きる可能性のあることを真面目に考えないといけない。その意味ではアメリカでトランプという大統領が誕生したことは、むしろ日本の覚醒のためにはよかったんじゃないかとすら思います。

平田 トランプにしても、イギリスのEU離脱にしても、グローバリズムと、それに対抗する勢力の分断、拮抗という構図が鮮明になってきた。しかし、日本は、どちらにもならない。日本語も日本人も自明のものだから、それを意識することができない。繰り返しになりますが、それは日本の良さでもあります。しかし、先生のおっしゃるとおりで、いまのように世界と直結した時代に、トランプのような人から「お前はどうするんだ?」とすごまれると、日本の政治家は困るでしょうね。

「言いつけ外交」とその裏返し

鈴木　私が言ういまの日本に必要な「護衛戦闘機」とは何かというと、他国がみな持っている「自分の国はとにかくいいんだ」という感覚です。日本が外国と比べていいとか悪いとか、そういう議論ではなく、日本人は日本に生まれたんだから日本を良しとする、自分のお袋なんだから、美人じゃないけれど俺を生んでくれたんだから必死で守る、それは宿命なんだという感覚を持つことが必要だと思います。

どうもいまの日本人は自虐的なところが強すぎる。すぐに自分の国や歴史のことを卑下してしまう。しかも外国にそれを言いつけたりする。こうした朝日新聞に典型的に見られる自分の身内の悪口をいそいそと外に言いふらす姿勢、私はこれを「言いつけ外交」と呼んでいますが、日本人はもっと堂々と自分の国を理屈抜きで誇り高く宣伝しないといけないと思います。

それに対してヨーロッパの小国は気の毒です。ポーランドなんてロシアによってどれだけ蹂躙《じゅうりん》されたか。ポーランド語を禁止されて、領土を苛《さいな》まれ、いまだに首都ワルシャワの中央にはロシアの建物が建っている。いまのバルト三国だって危ないし、パリだってウィーンだって朝起きてバルコニーに出てみたら下に外国の戦車が来ていたという経験をみな持っている。

日本だけが近代になって外国との戦争というと、歓呼《かんこ》の声に兵隊が見送られて海外に行って勝ってくるものだったんです。第二次大戦を除けば。外国の軍隊が乗り込んできて暴れまわり、ひどいことをやるというのを経験したのは沖縄だけ。たしかに本土でも戦争末期はB29の絨毯《じゅうたん》爆撃とか原爆とか悲惨なことがたくさんありましたが、にもかかわらず終戦後、日本人がアメリカ人を心から憎んで、暗闇でアメリカ兵を殺したとか足を引っかけて倒したとか、そういう意趣返しのようなことは本当に少なかった。

なぜかというと、爆撃を受けても相手の顔は見えないし、爆弾は空から降ってきたから自然現象のようなものだった。雷の何百倍のようなものだったんですね。

平田　自然災害と一緒ですね。日本人にとっては、自然災害は何百何千と経験していることですから、しのぐことができる。とにかく耳をふさいで、我慢していればいい。

鈴木　日本人は災害を憎まないでしょう。だからアメリカも憎まない。ドイツなんかではバーの裏でアメリカ人が何人も刺されているし、憲法の制定もアメリカの言うことを聞かないで「私の国でやります」といって、十言われたことの一しか言うことを聞いていない。ところが日本は、アメリカに一言われると多分これもやったほうがアメリカにとってはいいんじゃないかと言って十やってしまう。それが「言いつけ外交」に通じる精神構造なんですよ。

平田　日本人は、自国の文化に意識的でないから、他国の文化も尊重できない。他国の人々が何を大切に思っているかに思いを馳せる能力が欠如している。昨今の夜郎自大《やろうじだい》の日本賛美は、「言いつけ外交」の裏返しに見えます。

鈴木　このテーマの最後に一つ、普通のお人好しの日本の方には何のことだかすぐには分からない、私の大好きな英語の言い方を紹介します。

「ウイークネス・イズ・プラボキャティブ（Weakness is provocative.）」です。これは、弱さというのは相手を挑発する——という意味です。日本人は、日本は武器を持たないから外国は攻めてこないと考えている。いまでもアンケートを採ると約六割の人は諸外国は攻めてこないと考えている。なぜなら日本は平和国家だからと。

けれど世界ではそんなこと通用しません。「武器がない、私は弱いんだ」といったら喜んで攻めてくる。どの弱小国もみなそういう歴史を持っている。しかも日本が砂漠みたいな水も食料もない不毛の荒れ地だというならまだしも、よだれがでるほどいい国土なんです。いつも言うんだけど、銀座にすごいグラマーガールがいて裸で歩いていたら、私はいくら九〇歳でも飛びつきますよ（笑）。もとい、このテーマはここで終わり！

第二章　新たな武器としての言葉

欧米輸入型の学問からの脱却を

平田　これからの日本と日本人の課題は、世界が否応なくグローバル化する中で、日本というハイコンテクストな社会がどうやってローコンテクストな世界で生き延びていくかという点につきると思っています。日本の持っている良さ、特徴、特質などを、独善に陥らない形で、まさに相手のコンテクスト（文脈）で、世界に発信することが必要です。

鈴木　そのとおり。私は以前から日本の明治以後の学問は「丸善学派」であると言ってきたんだけど、開国以来、学者先生は横浜に荷揚げされる洋書を「丸善」という本屋から先を争って買い、いち早くそれを翻訳して出版した人が偉いと言われた。まず東大の先生が買って次に京大の先生が買ってというふうに、丸善学派を作り上げたんです。

ことに人文系、文科系の学問がそうです。自然科学は英語でも日本語でも１＋１

は2ですから、日本語で研究してもノーベル賞はとれるんだけど、文系の学問、特に哲学や社会思想の多くはヨーロッパから来ているからどうしても文化的背景の違う日本は後手になる。だから文系のノーベル賞は少ないでしょう。文学賞が二人と平和賞が一人。

平田　でも先生がずっとおっしゃってきている通り、ぼくは文科系にこそ日本人のチャンスがあると思っています。日本という、西洋から離れて侵略もされなくて純粋培養で育ってきた文化の持つ視点というのが、これからの世界では大切になってくるはずです。世界のいろいろな課題に対して「日本人から見るとこう見えるんですよ」と言える人間をどれだけ育てられるか、ということだと思います。

鈴木　文科省が日本の文学部は生産性が低いから国立大学では縮小しようとか、その分の予算を理科系の基礎研究に回してノーベル賞を増やしたいとか、経団連とつるんで言い出しましたね。でも私は、それに半分大反対で半分大賛成という立場をとっています。

半分大賛成というのは、今までのような丸善学派を引きずった文系学問はもうお役御免として追放しろという意味です。いままでの文系学問は、日本を先進国にするために必要なことを学んできた欧米輸入型の学問でした。でも、もう目的を達したのだから、その必要性はなくなっちゃった。だからスクラップ&ビルドで、それはなくしていい。その代わり今度は、日本の持っている独得な文化や世界観をどう世界に発信するかというまったく新しい学問が必要になった。それに入れ代えないといけない。

なにしろ今は、ヨーロッパ人の世界観の基礎をつくったイエス・キリストも、アジアのお釈迦様も中国の孔子も、想像もつかないような世界になっているわけです。だって二、三億人いたかいないかの人類が七〇億人にもなるなんて、それこそお釈迦様でも思わなかった。現代を生きている我々は、人類七〇億人の時代を直視し、それに取りくむ哲学や社会学を生み出さないといけない。だからこれからは血湧き肉躍るまったく新しい文学部なんだと、一昨年(二〇一五年)、慶応義塾の文学部一二五周年記念の時に講演したんです。

平田　先ほど言ったハイコンテクストな社会というのは、「日本人」という者が無前提にあって、その「日本人」なら共有できる感覚ということですね。「日本人ならわかってよ」、「日本人なら察してよ」という感覚が、たしかに私の中にもある。その私たちの感覚が、逆に世界には日本のことは伝わらないだろうという思い込みにもなっている。

でもそれは決して悪い面ばかりじゃなくて、たとえば芸術の世界で言うと、俳句とか短歌とか、世界で最も短い詩の形式をぼくらは持っていて、「柿食えば鐘が鳴るなり法隆寺」と言っただけで、ほとんどの人間が夕暮れの斑鳩《いかるが》の里の風景を思い浮かべることができる。これはまさにハイコンテクストな社会なわけです。

鈴木　私は日航財団が以前から行っている、世界の子どもに俳句を広めるという運動の相談を受けたことがありますが、ヨーロッパ人が気がつかなかった「人間中心ではない」ものの見方が俳句で学べる。ヨーロッパ人は季節とか季語などへの認識が違うし、「五七五調」というのも言語構造からいって無理。しかし俳句の見方で世界を見ることが彼らにとっては新鮮なんです。それを子どもたちに学ばせようとしている。

元東大総長の有馬朗人《あきと》先生も言っていますが、ヨーロッパの絵画は宗教画からきているから人物や神、天使が主で、風景は添え物です。写真がない時代にキリスト教の教えを絵で教えた歴史が残っている。

ところが日本人は、中国の影響もあって山水画といって風景だけ、人間がいないものが芸術になる。風に吹かれる竹の葉と、雨に濡れた竹の葉を描きわけられる。自然に対するそういう見方が大切で、俳句をやるとたとえば四季の移ろいに目が行く。小さな生き物の動きに気がつく。それがヨーロッパ人にとっては新鮮で大切なんです。

平田　ヨーロッパでは「オリザの芝居は俳句的だ」とよく言われます。

鈴木　じゃあ、あなたはもう俳句の普及を実現しているわけだ。

平田　従来のヨーロッパの戯曲というのは、本当にダイアローグ的でガチガチに組み立てられています。それに対して私たち日本人は、先生もおっしゃられたように、出会っても「紅茶がいいですな」とか「本を出されたんですか」とか「この時計は」とか、いろいろな話を展開しながら合意形成に向かっていく。

鈴木　ヨーロッパ映画には、かつて「オムニバス形式」というのがありましたね。フランス映画などで。ぽんぽんと別々のシーンを出して、あとはあなたの教養しだいですよ、という感じね。

平田　フランスの知識人たちは、やはり日本文化を尊敬しているので、小津安二郎の映画なんかは本当に好きですね。いまの日本人より、よく観ている。そこで、やっぱり日本が俳句の本家なので、私が作る劇は、オムニバスのように別々のことを言っているのに一つのコスモスを形成していると感心される。

　自分のできないことでも価値のあるものを非常に尊敬するというのはフランス人のいいところで、また偉いところだと思います。アメリカでは、日本文化が、そのままで本当にわかる層というのは非常に薄い印象ですね。フランスはその層がほんの少しだけ厚い。

　でもいずれにしても、俳句の世界観を一般的な形で説明しようとすると本当に難しい。あまり語りすぎると味気ないものになってしまう。俳句の持っている世界観をどのあたりまで説明すればいいんでしょうか？

鈴木　たしかに難しいですね。しかもその説明が人によって必ずしも同じじゃないでしょう。やはり体験、会得しないと駄目なんです、日本文化というものは。ある意味で広がるということに弱みがある。広がることを良しとするなら、弱点ですね。

平田　たしかに、俳句を理解するヨーロッパ人がそれほどメジャーになるとは考えにくいですね。

鈴木　でもそれがいいんです。私は一つの文化がそっくり地球上に広がることはよくないと考えている。これまで世界に存在した様々な考え方の違いや物事のやり方をアメリカ中心にまとめようとするグローバリゼーションというのは地球と人類を滅ぼす最短の道です。世界中が普遍を自称する一つの価値、思想、文化、文明で覆われるというのは、人間という生物にとってはきわめてよろしくないことなんです。

なぜかというと、一般に生物というのは行く先々でその環境に身体や性質を合わせないと生き延びられない。「俺はこうだ、変わらない」なんていっていたら、たちまち絶滅するんです。

それが一番端的なのはダーウィンフィンチという、ダーウィンに進化論の着想を与えたと言われるカナリアの仲間です。ガラパゴス諸島にいる、もとは南米大陸に由来する一種類だったのにいろいろな島の植物とかエサの違いによって、いつの間にか十四もの違った種に変わっちゃった。異なった環境で生き延びるためにある者は固い嘴《くちばし》をもつとか、柔らかい蜜を吸う種は嘴をとんがらせるとか。つまり適者生存というわけです。

ところが人間だけは世界中の驚くほどの、様々に異なる環境に住んでいるのに、長い年月が経っても外形や性質があまり変化しない。どこでもほとんど同じで体や性質があまり変わらない。つまり人間は今でも一種なのです。こんな生物は他にいません。たいていの動物は、ちょっと環境条件が変わると、たとえばゴリラだってローランドゴリラとマウンテンゴリラの二亜種に変わっていく。人間もたしかに白人、黒人、有色人種と多少の変化はあるけれど、互いに永続的な合いの子ができるということはつまり生物としては一種です。また頭が良くても悪くても、ある言語を話す部落で生まれると、その言語が誰でもできるようになる。つまりどんな言語でも学べて互いに雑種ができる。この二つの特徴を基本的にもつ人間は、ホモ・サピエンス一種と考えられる。種の分裂・分化がない。これはなぜかご存じ？

それは人間と環境との間には「文化」という、目には見えないけれど人間全体を包むドロッとした膜のようなものがあって、それが外界からの刺激に対して緩衝地帯になっているからです。環境の違いや変化が人間に直接影響を及ぼさないように、ショックアブソーバー（shock absorber、衝撃吸収装置）のように「文化」が人間を守ってくれている。暑いところ、寒いところ、標高の高いところ、低いところ、湿気の多いところ、雨が降らないところ、至るところに様々な異なった文化がある。その文化の最たるものは言葉だから、地球上には六〇〇〇もの言語があるんです。それだけの言語があるということは、環境の様々な違いに人間が適応していくには、文化が違わないと駄目なんだという証拠です。

その文化を地球上全部で自分のものと同じにしよう、均一にしようと考えるのがヨーロッパ人やアメリカ人の考え方なんです。その罪悪や欠点はいろいろあるけれど、何よりもまずエネルギーが猛烈にいる。寒いところは暖房して、暑いところでは冷房する。魚だけを食べていた国が肉を食べるようになると広大な牧場が必要になる。そうなるとアマゾンの原生林はなくなるし、また魚をあまり食べなかった国の人が刺身を食べるようになると海の生態系が乱れる。

つまり世界中に散らばり、現在のように大増殖してしまった人間が、その人間の文化を均一にしようとすると、あっという間に人類も地球も滅びてしまう。なぜならそれを支えるのに必要な資源やエネルギーが間にあわなくなるから。

私は以前からこのことを主張しているのですが、宇宙科学者のホーキング博士も私の本を読んだのか、あと一〇年で地球には人間が宇宙に脱出しないといけないほどの混乱が起きると言い出した。金があるやつは逃げる準備をしたほうがいいよと。半ば冗談でしょうけれど。

また最近（二〇一五年六月十八日）、ローマ法王が、世界の十億人のカトリック信者に向けた「回勅」の中で、こんなにも浪費の多い生活をしていたら人類社会はきわめて近い将来、大混乱になると警告を語りだした。ということは結局、人類が地球を壊さずに生き長らえるためには、地球上の寒いところ、暑いところ、西と東、南と北、環境が違うところは環境に無理のないような違う生活をしなければならないということです。いまのアベノミクスや小泉さんの構造改革のように、日本をアメリカ化しようなんていう政策が一番よくない。アメリカという地球上最も過激で有害な消費文明を世界に広めたら、エネルギーも植物も動物も持ちません。だから非常に長期的な目標を言うと、みんな地産地消に戻ったほうがいい。隣は何をする人ぞ。政治的に言うと、世界中がすべて国際化を止めて「鎖国」したほうが、今の地球と生命のあり方にとってはよほどいいのです。

人の悪口を聞くことが増えてきた

平田　その議論は少し待っていただいて、もう少し言葉の話をしたいのですが……。

鈴木　ああ、ぼくはすぐに突っ走るからごめんなさい。

平田　ぼくは劇作家なので「言葉の変化」というものにできるだけ寛容であるべき立場だと思っています。そうじゃないと、時代に沿った作品が書けませんから。ただ、昨今、非常に気になっているのは、特にテレビなどで顕著なのですが、人の悪口を聞くことが増えてきた。日本は、社会的に立場のある人は外で悪口を言わない社会だったのではないかと思います。先生の分析でも、日本語は悪口を言いにくい構造になっている、と。悪口とは、主語とか目的語をはっきりさせないと言えないものなので、日本語にはあまり馴染まないはずなのですが、この変化がすごく気になっています。

鈴木　陰口というのはまさに表向きは言わないことになっていたわけですがねぇ。

平田　ぼくが『わかりあえないことから』（講談社現代新書）という本を書こうと思ったのも、日本の教育界ではロジカルシンキングとかクリティカルシンキングとか、その前にもディベートなどが導入されましたが、どうみてもきちんと機能していないと思ったからです。欧米から「人の批判をしてもいいんだ」「言葉に出して議論することが正しいのだ」というイメージだけを導入して、その方法が鍛えられていないままだから単なる悪口になる。そういう現象かなと思うのですが。

鈴木　それは無理ですよ。日本にはディベートの文化的な素地がないんだから。昔カナダに住んでいた時、娘が学校で「Show and tell」の授業があると言う。それは何かと思って聞いたら、クラスの全員が知らないことで自分だけが知っていることを皆にわかるように話すんだって。つまり日本の神社では何をお祈りするのかとか、なぜ日本でもクリスマスを祝うのかとか、とにかくみんなが知っていることを同意し確認し合うのではなくて、みんなが知らない自分独自のものを友だちにわかるように説明する。それが「Show and tell」という時間なんです。

なるほどなと思いました。カナダも移民の集まりだから、それぞれのバックグラウンドがまったく違う。だからそういう授業をせざるをえない。日本ではそんな授業も考え方もなかったわけだから、いきなりディベートなんて浸透するはずがない。

平田　おっしゃるとおりで、欧米では小学校どころか幼稚園からそういう授業や、演劇を使った教育などを積み重ねて、最後に本当のエリート層だけ、将来もそれが必要となる人だけがディベートをやる。

これは日本の教育学の宿痾《しゆくあ》だと思うのですが、「イギリスではディベートの授業をやっている、これは大事だ」と誰かが言い出すと、その一番いいところだけを持ってきて、急いで小学生全員にやらせてしまう。それじゃこまっしゃくれた子どもを大量生産するだけです。そういうことが現実に起きているんですね。

　このことを考えるときに大切なことは二つあって、一つは西洋から何かを輸入するときは日本文化に合わせて、ゆっくりと輸入する。あせってはいけない。特に大事なのは日本語の特質に合わせてということです。そうでないと非常に無理がある。

　もう一つは、現実的に日本は明日あさってに移民が大量に流入するという環境ではない恵まれた状況にある国なのだから、この問題を考えるには二〇年から三〇年の余裕がある。その間で、日本人も国際化するけれども、日本に住む外国人も増えるわけだから、その人たちには日本語をしっかりと勉強してもらう。この言語政策のポリシーがないことが最大の問題だと思います。先生がずっとおっしゃってきたように、西洋礼讃でどうすればヨーロッパに追いつけるかをいまだにやっている。もう十分に追いついたのに、いまだに追いつこうとしている。それは滑稽としかいいようがないですね。

外国語を学ぶ理由

鈴木　外国語を学ぶときもそうです。日本人はもっとポリシーを持たないといけませんね。

いま日本の大学で外国語を学ぶのだったら、国家的な必要度から言えば、英語はやむを得ないにしても以前より必要性の少なくなったドイツ語やフランス語よりも、今ほとんど学ばれていないロシア語やペルシャ語、アラビア語をやるべきです。それから韓国語と中国語も。だってそれらの国とどう関わるかは、国が滅びるかどうかのギリギリの問題なんだから。

アラビア語やペルシャ語が使われている中東地域の国々は、日本がいま、最も頼りにする石油の供給国です。またロシアなんてまだ日本と平和条約も結んでいない。法律的にはまだ戦争状態なんです。そういう国の言葉を学んで、相手を理解する、相手が何を考えているかを知って日本の対応を考える。外国語を学ぶということには、そういう役割があるはずです。

実際、アメリカではライバル国の言語を学ぶというのが外国語教育の原則です。冷戦の時代にはロシア語を学ぶ学生が多かったし、八〇年代に日本が経済力で台頭した時には日本語がブームになった。いまは中国語とかアラビア語がブームでしょう。

ところが日本では、現在最も学ぶべきロシア語がいま一番人気がない。多くの大学からロシア語の講座が消えかかっている。「ナウカ」という唯一のロシア書籍の専門店もつぶれかかったし、「月刊ロシア通信」という雑誌もつぶれちゃった。ロシア語って外務省でもあまりやっていないんです。それでいてプーチンと安倍首相の会談をセットして、北方領土を取り返せなんて言っている。しょせん無理な話です。

ではいま、大学でどんな外国語に人気があるかというと、イタリア語。イタリアなんて日本に攻めてくることはありえないのに。国家的見地から言ったら、イタリア語は本当に必要度は低いんですが、イタリア料理に馴染みがあるからか何だか知りませんが人気がある。

平田　先生が学ぶべき言語にペルシャ語をあげられたのがとても素敵ですね。そんなことを言う日本人は他にはあまりいません。しかし、ぼくもまったく同感です。

ぼくはフランスの国立劇場の依頼で、日本とイランとフランスという三ヵ国合同公演を行ったことがあります。それぞれの国の演出家が三人の俳優を連れてきて、合計九人の俳優を使ってオムニバス作品をつくるという試みでした。その体験が非常にカルチャーショックで、ことにイランが歴史的にも非常に深い国だということを、改めて実感しました。

かつてアメリカのブッシュ大統領が、北朝鮮、イラン、イラクを悪の枢軸と言いましたが、それぞれ非常に違う性質を持っています。イランというのは本当に二重国家で、たしかに外見上は、かなり全体主義的に見えるのですが、実際にはアメリカ文明を一回経験しているので、女性はイスラム風の服の下にミニスカートを履いていたり、人々は部屋をカーテンで覆ってディスコミュージックをガンガンかけてパーティーをやっていたりしています。

北朝鮮でそんなことをしたら、すぐに密告されてばれちゃうでしょうが、イランでは普通にやっている。外国に出たら、みんな自由に振る舞う。だけど俳優は公の舞台に立つときは、たとえフランスの公演でも女優はスカーフをしないといけない。スカーフをしない写真が本国に送られると帰国できなくなる。そういう二重国家なんです。

イランの国立演劇学校を出た俳優たちは、知的水準ものすごく高い。詩の国なので、小学校から詩を習うのですが、その詩がイランの詩だけじゃなくて世界中の詩を習う。ボードレールとかをペルシャ語で暗唱できる。文化的なレベルも非常に高い国なんです。

ところが日本では、イランやトルコのプレゼンスが一向に伝わってこない。すべて中近東でひとくくりです。これでは文化的にももったいないと思います。

鈴木　そうなんです。あのあたりの国は、日本にとっては今でも石油を買う国という認識しかない。ところが石油を買う相手はセブンシスターズといって、全部アングロサクソンとオランダとアメリカの企業で、植民地時代からの歴史があるから英語でビジネスができる。八〇年代のオイルショックのときに、外務省とか通産省（当時）がペルシャ語を少しやりだしたので、大学でもいよいよ講義が始まるかと思ったらやらなかった。それは英語で事足りるからです。

だから今になって、中近東があれだけ揉めていても日本が国家戦略的に対応できないわけです。アメリカの政治学者のサミュエル・ハンティントンが世界には七つか八つの文明があって、日本文明もその一つと言っているわけですが、日本文明の特徴は私に言わせると、唯一イスラム文明とこれまで歴史上まったく関係がなかったということ。他の諸文明は宗教や十字軍などでイスラム文明といろいろな関係がある。ところが日本ではイスラム文明といえば、代々木上原にイスラム教のモスクが戦前からあったのが不思議なくらいで、日本文明の隣に中国文明があったために、イスラム文明がこなかったんですね。

今日では、石油の九割があの地域から来るのですから、日本の命運はあの地域にかかっている。だけど言葉ができない、歴史的な知識や情報もないから、あの地域の実情がなかなか伝わってこない。

平田　中近東を理解するために言葉が大切だと考えている人が意外と少ないですね。言葉を理解できる人が一定数いないと、文化的な理解もまったく偏った形になる。いまはイスラムの文化って、ほとんどヨーロッパ経由、アメリカ経由でしか日本にやってこないから、非常に偏った見方になっていますね。

鈴木　そうなんです。日本人のこれまでの世界認識というのはすべて英語が基本。英米人の目で世界を見ている。自分で相手の言葉を喋って自分の目で見れば、まったく異なった世界観の人々だということがわかり、それなりの対応策が出てくるのに。

実は私は、日本語を世界に広めよう、国連の公用語にしようと四〇年くらい前から言っている。そのほうが日本の世界観を世界に広めるのが早いから。ところが外務省の人たちは「先生、世の中をご存じないからそんなことをおっしゃる。公用語なんて無理です」と初めから諦めてしまっているんです。

国連のほうも、加盟国が増えるにしたがって公用語を増やすと機能しなくなるから増やさないというのが建前だったんですが、オイルショックの時にアラブ諸国が

「石油がほしいならアラビア語を公用語に入れろ」といったらすぐに入れたでしょう。そういうことなんです、世界の力学は。日本もその気があれば、日本語を入れるチャンスはいくつもあったのにね。

文化と教育は百年先を見据えた国家戦略を

平田　たとえば文化庁には日本人の芸術家を海外に派遣する制度があるのですが、行き先はどうしても西洋中心になります。ほうっておくとやはりイギリスが一番多くて、続いてアメリカ、ドイツ、フランスとなる。ぼくがずっと文化庁に言っているのは、派遣先を役者や演出家に自由に選ばせるのもいいけれど、アジア枠を別につくったらどうかと。

韓国語なんて半年も滞在して必死に勉強すれば、片言は喋れるようになります。芸術家は完璧に喋る必要はなくて、片言でも喋れたらやはり韓国人は喜びます。タイでもインドネシアでも、芸術家が半年も滞在したら、ずいぶんその国や文化の見方が変わってくると思います。

だから半ば強制的にでも、若い芸術家たちをアジアに行かせたらいい。イギリスには自腹で行け。アジアなら国が金を出すよという誘導がないと、なかなかアジアを選ぶ人は出てきません。あるいはこれからはイランでもトルコでもいい。国家戦略的に交流させる枠がないと駄目ですね。

鈴木　だいたいにおいて、文科省とか国際交流基金とか外務省の人がまだ欧米信仰なんです。そこが変われば日本も変わるんだけど。

もちろん欧米信仰が悪いという意味ではなくて、そういう人がこれまで歯を食いしばって頑張って欧米文化を勉強してきたからいまの日本があるので、その功績は認めますと。でも時代はいま変わって、対外言語戦略もスクラップ&ビルドで、これからは伝統の長い英独仏信仰を戦略的、意識的に壊して、ロシア語やアラビア語へと方向を転換すると。それをどうやって広く日本社会に理解させるか、私はずっと悩んでいるんです。

たとえば小学校で英語が必修になるというけれど、英語を勉強するにも先生として欧米人を呼んできてしまう。フィリピン、インド、ハワイの二世なんて呼びませんよね。英語教育にはネイティブ信仰が根強くあるんですね。

ところが実際は、自分も苦労して英語を習ったこれらの国々の人の英語のほうが学びやすいんです。日本人はいくら頑張ってもネイティブにはなれないし、なる必要もないんだから。ネイティブの先生は「こんなのわからないの？」と冷たく言うけれど、私たちだって日本語を習っている外国人が「てにをは」を間違えたって、「慣れるしかないね」なんて逃げるでしょう。必死に勉強した人に習えば、もっと効率的に学べるし、発音のコンプレックスからも解放されるんですよ。

平田　本当に文化と教育は、広い意味での、百年先を見据えた国家戦略としてやらないと駄目ですね。

鈴木　日本は武力を持たないなら言葉というものを戦略的に考えないと駄目です。『武器としてのことば』（新潮選書）や『新・武器としてのことば』（アートデイズ）に詳しく書きましたが、日本は言葉をもっと大切にしないといけない。たとえば「スパイなら日本が一番」となるべきだと思うんだけど、日本人はスパイと聞いただけで不道徳と言い出しますからね。でも武力戦争をしないのなら、あとは情報戦争しかないですよ。こんなことは国際的には当たり前です。

日本は外国との摩擦や紛争に対して外科手術、それは戦争を指しているわけですが――はできないと。ならば生活習慣病を治すように、気長に文化力とか教育の質で対応することを考えないといけない。国家予算の一割くらいは使って、捨てた武器に代わって言葉が武器なんだと考えて。そうなれば演劇はもちろん相手を騙す手段として大切になりますね。英語で偽善者はヒポクリットですが、これはもとのギリシャ語では「俳優」のことでもある。

平田　そりゃそうです。演劇はいかに上手に人を騙すかの芸術ですから。嘘を本当だと思わせるのが演劇です。舞台空間は海にもなるし過去のどこかの国にもなる。だから演劇教育がやっと、いろいろなところで行われるようになってきました。

ぼくはたまたま縁があって、いろいろなところで海外での日本語教育のお手伝いもさせていただいていて、二〇一六年も香港の日本語教師会に呼ばれてワークショップをしてきました。いま各地の日本語教育でも、ずいぶん演劇的手法を取り入れていただいています。

数年前には、ハノイ大学で実験的に宮沢賢治の「銀河鉄道の夜」を脚本にしたものを、三ヵ月かけて学生たちを指導して、劇にして発表しました。その発表もすごくよかったのですが、私たちそこにかかわった人々が誇りに感じたのは、一年後に調査したら、その学年だけが突出して日本への留学率が高くなった。日本や日本語をもっと学びたいというモチベーションがすごく高くなったのです。

その時は国際交流基金がお金を出してくれたので、日本の女優を二人連れて行きました。セリフ指導は全部女優にやらせたんです。日本語を学びたいという学生ですから、もともと日本には憧れているし、その上本物の女優さんが言葉を教えてくれるというので、日本語へのモチベーションがすごく高くなった。でもこんな事業は、予算からしたらほんの数十万円です。ＯＤＡ（政府開発援助）でダムを作ったり道路をつくったりするのより、日本理解、日本語理解という点では何百倍もの効果がある。そういうことを繰り返していかないと、なかなか日本文化は発信できないと思います。

鈴木　イギリスやフランス、ドイツでは、ブリティッシュ・カウンシルとかアリアンス・フランセーズとかゲーテ・インスティトゥートといった組織をつくって、自分の国の言葉を世界に広めている。そのことは戦争以上に大切だという哲学がある。そういう組織のスタッフの一部は、外交官待遇ですごい国費を使って仕事をしている。そういう実践を学ばないといけません。

平田　本当ですね。日本はもっとそういった言語活動を展開していく必要がある。一方で、国内にいまだにはびこるアジアに対する蔑視をやめないといけない。人種差別とか蔑視を続ける国は必ず滅びる。ローマ帝国以来みんなそうです。

ぼくはよく学生に話すんですが、最近ではシャープが台湾の企業に買い取られた。ところがシャープって、九〇年代後半頃まで、亀山モデルのような高度なプラズマテレビは中国では作れないと言い張っていたんです。そんなことはありえないじゃないですか。技術なんてすぐにどこの国にでも追いつかれるのに。

逆に言うと追いつかれない技術というのは普遍性が少ない。たとえば東大阪の町工場の凄い技術というのは、おそらくなかなか追いつかれないのですが、それは残念ながら大きくは儲からない。やっぱり儲かる技術というのは、中国人でも東南アジアの人々でも勉強すればすぐに追いついてくる普遍性の高いものです。

そういうところに謙虚にならないといけない。シャープのように無意識にでも差別感情を持ってしまって、「あいつらにはできない」なんて言い出すと足元をすくわれる。『下り坂をそろそろと下る』にも書きましたが、「日本はアジア唯一の先進国である」という意識を変えないと、日本という社会が壊れてしまうと思います。

日本の繁栄は運がよかっただけ

鈴木　そんな戦略なき日本が、なぜいままでこんなに繁栄できたのか。江戸時代は二六〇年間も鎖国してきたのに、なぜ明治維新以降、欧米に侵略されなかったのか。第二次大戦以降は武力も戦争も放棄したのに、なぜこれまで長い間平和を保てたのか。それらを見てくると、一つの結論に達します。それは、日本はとても運がいいということです。日本人が優秀だとか勤勉だというよりも、運がよかったというほうが当たっていると思う。

たとえばアフリカは、第二次大戦前まではアメリカの属国みたいな小さなリベリアとエチオピアを除いて、すべてヨーロッパ七ヵ国の植民地だったのに、日本の英米に対する戦争の結果として五四の独立国になった。ところがその時から七〇年もたっているのに未だどこも安定した国になっていない理由の一つは、日本みたいなしっかりした官僚制度がないからです。エリートはみんな親戚で、一人が権力をもった官僚になるとみんながぶら下がるし、誰かが出世すると出張の時には書類机に鍵をかけてしまって次の人に引き継がない。だからその人が辞めるときはまたゼロからやり直しで、仕事の継続的な生産性がとことん悪い。

ところが日本の場合、江戸時代は戦がなくて武士が暇だったので、通貨だった米の管理の帳面をつけたりして有能な官僚になっていた。それがそのまま明治維新後も活躍して、明治という新国家をつくった。だから日本人が優秀だというよりも、運がいい、タイミングがいい、環境がいいということ。神様はどうしてこんな国をつくってくれたのかというくらい、日本と日本人は運がいいんです。日本人が人種として特に優秀なわけではない。この前の敗戦後も、米ソを旗頭とする東西対立の冷戦が起こり、日本は「漁夫の利」を得る形で経済大国へと飛躍した。

平田　鎖国という制度も、当時の状況としてはよかったし、そこから開国するタイミングもまたよかった。しかも韓国と違ってすでに江戸時代に金融経済も発達していましたから、開国してすぐに資本主義に入ることができました。

鈴木　そのとおり。だってデリバティブという考え方は、大阪の米問屋がやっていたのをたまたま誰かが英語で論文を書いて、それがアメリカでデリバティブという手法になったんです。日本は本当に地政学的な条件とタイミングに恵まれている。ヨーロッパの植民地政策が最も盛んなときに日本が出会えば、それはもうひとたまりもなく植民地になっていたはずです。

だけどヨーロッパ内で内輪揉めがあったり遠すぎたりして、ヨーロッパの軍隊はやってこなかった。Far East というのは西からきても東からきても遠い。しかも周囲は異民族の侵入を簡単には許さない海でしょう。フランスとイギリスの間のドーバー海峡は、民族の移動にとって障壁にならないんです。約四〇キロですから。晴れた日には女性でも泳いで渡れる。だからこれまで何回となく異民族が征服のために行き来しています。

ところが日本海は二五〇キロもある。泳いでくることはできない。船を使っても、季節によっては台風がある。元寇《げんこう》がいい例ですよ、神風が吹いたという。

ではハワイみたいにうんと離れていればいいかというと、大陸から離れすぎると優れたいい文明のおこぼれがくることができない。そこでのんびり椰子《やし》の葉陰でウクレレなんて弾いていると、いつの間にかアメリカのパイナップル会社の Dole に乗っ取られて、ろくな抵抗もできずアメリカの一部にされてしまう。

日本は適度に大陸と離れているから、怖い大規模な侵略は来ない。そして一六世紀半ばに鉄砲が種子島にやってくると、三〇年後には三〇万丁もの鉄砲がもう日本にあった。すでに発達していた刀鍛冶の鍛鉄技術と良質の砂鉄《さてつ》が一緒になって鉄砲をどんどん自力でつくれたんです。

だから日本人は特に優秀なんじゃなくて、本当に運がいい。それに尽きますね。

平田　鈴木先生の日本人論は本当に不思議で、普通日本の文明が素晴らしいと言う人は、日本人が優秀だからと言うんです。そこから日本礼讃に繋がっていく。ところが先生は、それを単なる「運」だと、きっぱりおっしゃる。

今回先生の本を読み返して思い出したのは、夏目漱石の『三四郎』に出てくる広田先生です。彼は言います。これから東京に行くと途中に富士山が見えるだろう。あれが日本の誇りなんだと。でも富士山は別に日本人がつくったものじゃなくて、昔からある。日本人がつくったもので威張れるものは何もない。本当に鈴木先生がおっしゃってきたこととまったく同じで「運がよかっただけ」なんだと。

そのことをぼくたち日本人はよく理解しておくべきだと改めて思いました。

第三章　「登山の時代」から「下山の時代」へ

「登山の時代」は終わった

平田　先生は『人にはどれだけの物が必要か――ミニマム生活のすすめ』（飛鳥新社）という本を一九九四年に出されて、現代文明の行き詰まりを書かれていますが、ずいぶん前からこのことを主張されていたのですね。

鈴木　そうですよ。正直に言うと、あなた方が生まれる前から地球に向かって「おまえさん、大丈夫か？」と言い続けています。それは私の最初の興味の対象が鳥類だったからで、何十年と観察していると年々その種類が減ってきている。去年までこの季節に来ていたあの鳥の鳴き声が聞こえなくなった、あの鳥の姿をみかけなくなった、そういうことの連続だったので、鳥類の減少から地球の疲弊を感じていたんです。でも私がいくら言っても、誰も聞く耳を持たないでまったく相手にしてくれない。あの本を書いてからでも、もう二十数年たちました。

平田　バブル経済で日本中が沸き立っている頃から、自然保護とか環境問題とか、消費文明の行き着く先を先生は予言しておられた。大量生産・大量消費型社会というのは戦後アメリカが日本に持ち込んで、あるいは世界に広めようとしてきたわけですが、もはやその限界が見えてきています。

鈴木　そのとおりです。できるだけ人々に無駄をさせることが資本主義の根本のしくみです。そのほうが需要が増し、マーケットが大きくなりますからね。でもそれは資源が無限にあるということが前提でした。このような資本主義を発展させるためには搾取《さくしゅ》が必要だからどんどんフロンティアも広がった。しかしそれももはや限界です。

かつては労働力も使い放題でした。アフリカ大陸には奴隷にできる黒人がいたし、アメリカ大陸には先住民のインディアンもいた。アジアにも中国人を初め安い労働力がたくさんあった。オーストラリアのアボリジニは労働力にはならなかったけれど。

それがいま、人口が地球規模でどんどん増えて、どこに行っても人間がいて昔と比べられない大量の資源を使う。そうすると食べ物を作る土地がなくなり、石油などのエネルギー資源も足りなくなる。アジアの国々の賃金もどんどん高くなってきて、安い労働力の供給も難しくなってきた。様々な面から、もはや資本主義は倒れる寸前です。

そのあがきの反映がイスラムのテロであり、ヨーロッパ地域での移民の急増であり、先進国では貧富の格差になっている。いま地球を覆っている大問題はすべて、「もっと多く」「もっと高く」という「登山の思想」がもとなんです。だからこそ、いまはあなたが書かれたように「下山しなければならない時代」だと思うし、私もずいぶん前からそう主張してきました。

五木寛之さんも『下山の思想』という本を出されていますが、一人でも多くの人が、「いまは下山の時代なんだ」ということをそれぞれの立場から考えてくれるといいと思っています。けれど人間には「慣れ」というものがあって、何千年と高みを目指して、ここまで登ってきたのに急に下れといわれても難しい。私はせいぜい身近なゴミを拾い、無駄な電灯を消して歩くくらいしかできないけれど、あなたのような影響力を持った若い人が演劇と言論でそのことをどんどん広めてくださればと頼もしく思っています。

「循環の思想」が世界で求められている

平田　いまこの時代の地方自治体のあり方として、すごく面白い事例があります。ぼくが文化政策のお手伝いをしている兵庫県豊岡市なんですが、先生もご存じのようにコウノトリを復活させたところです。周囲からは「あんなもの復活できるはずがない」と言われていたのに、いまの市長が県議時代から頑張って見事にやりとげた。もともと県の職員からスタートして県議、市長となった方です。兵庫県に研究機関を作らせてコウノトリを復活させ、その周辺をコウノトリの郷《さと》公園と名付けた。その上で今度は周囲の田んぼの農家も説得して、無農薬米をつくってもらった。そうでないとせっかく復活したコウノトリが育ちませんから。

そのお米も「コウノトリ育むお米」というブランド米になって、物凄く売れるようになった。これを彼らは、「環境と経済の両立」と呼んでいます。豊岡市役所にかかっている写真を見ると、一九六〇年代の写真にはまだ野生のコウノトリが写っている。その頃まではまだ戦前の文化や自然環境が、地方には残っていたんですね。

鈴木　そうなんです。あの頃にたしかホリドールといった農薬が登場して、爆発的に使われるようになった。だからコウノトリだけでなく野生の鳥類も虫も急激に少なくなったんです。人畜無害と言われて大々的に使われたＤＤＴの害がレイチェル・カーソンの書いた『沈黙の春』によって世界的に知られるようになったのもこの頃でしたね。

大まかに言って、人類と他の微生物とのバランスが大きく崩れ出したのは第二次大戦以後だと思います。それ以前は人間も動植物もある意味で共存していた。現在はこの地球上で、狭い宇宙船に乗り合わせたお客さん同士だとわかっているのに、「地球号＝Spaceship Earth」から、人間は多くの生き物を次々と外に放り出している。「おれは長生きしたいからおまえら邪魔だ！」と言って、肺炎菌も赤痢菌もすべて放り投げる。ところが彼らだって生きたいから、どんどん抵抗力をつけてくる。いたちごっこですよ。

考えてみると、人間がいいことだと思って今やっていることは、しかし同時に自然界の秩序を壊しているんですよ。長い目で見るとやがて自分たちの首を絞めることにつながるんです。最後に宇宙船に人間しかいなくなったら、食べるものがなくなる。熱帯林は伐り尽くした、マグロも食べ尽くしたという具合に。地球上で人間だけの繁栄はありえない。人間が健康に暮らしていくためには健康な自然が必要なのです。そのことを世界で一番わかっていたのが日本人で、万物流転とか輪廻転生とか、「お陰様で」という循環の思想を持っている。ところがヨーロッパの宗教、一神教では「最後の審判」といって、最後の裁きまで時間軸が一本の直線なんです。そこに思想の根本的な違いがあります。

平田 豊岡市の市長がよく酔っぱらうと口癖で、「豊岡でいいのだ、これでいいのだ」と言うんです。そういう自己肯定感が大切だと思います。小さな自治体でも、自分たちが持っている歴史や文化、風土、習慣、お祭や行事、そういうものの良さに気づき始めたところがたくさんある。ところが日本全体で考えると、そういう自己肯定感に欠けている。循環の思想がいまこそ世界で求められているということに日本人が気づかない。この点が本当に変われるのかというところに問題があると思います。

鈴木 そうそう、変われるかと考えないで「変えてみせるんだ！」と自分で自分に誓うことが大切だと思いますよ。他人に期待してちゃ駄目なんで、「俺がやらないで誰がやる！」と主客転倒する。おれが言うことをみんなもやれ！というふうに、古い言い方の率先垂範《そっせんすいはん》で具体的な模範を示すことが大切だと思います。

島でなければできない「発酵」

平田 全国を歩いてみると、いま小豆島《しょうどしま》とか、隠岐島《おきのしま》といった島はいいんです。まさに「おれがやる！」とまちおこしも島おこしも頑張っている。

隠岐島海士町《あま》の島前《どうぜん》高校という学校は、まさに統廃合寸前まで生徒が減って青息吐息でした。ところが地域の人たち一丸となって高校生を育て始めた。外部からコーディネーターを入れて地域との調整役にしたり、公営塾を開いて学力を高めたり、カリキュラムにも地域学を入れたりした。そういう取り組みが花開いて、いまでは全国からこの高校を目指して島留学生がやってきて、倍率がつくような人気校になった。中学時代から親子で島に移住してきてこの高校を目指す子もでてきたようです。

その高校がかっこいいのは、卒業式で「ふるさと」を歌いますね。その三番が替え歌なんです。「志をはたして、いつの日にか帰らん」という歌詞を一文字変えて歌うんです。

鈴木　えっ？　どこを変えて歌うんですか？

平田　「志をはたしに、いつの日にか帰らん」と歌うんです。つまり島から出ていくのは仕方ないけれど、功成り名を遂げて年取ってから帰るのではなくて、若いころに志をはたすために帰って来い。島で自己実現するんだと歌っている。そういう志のある島なんです。

鈴木　素晴らしいじゃないの。そういう言葉のちょっとした綾《あや》が心を打つんですね。そういう実践がある島は素晴らしいですね。

平田　小豆島も頑張っています。ここは三年に一度の「瀬戸内国際芸術祭」の会場の一つになっています。この芸術祭を中心にアートによる町おこしを一生懸命やっていて、高齢者の多い島だったのが、いまでは若者がたくさん集まるようになった。そうすると地域のお年寄りも若返って活き活きしてくるんですね。

対照的なのは淡路島で、橋がかかっちゃったものですから島民たちはみんな神戸に買い物に行ってしまう。ストロー現象が起きています。ところが適度に小さな島だと橋なんかかからないし、隠岐島なんて境港《さかいみなと》や七類《しちるい》という港からフェリーで二時間半くらいかかって不便は不便なんですが、普通の生活はできる。島の活性化にも成功した海士町なんて、全国から視察や勉強会などで大勢の人がやってきて、賑わっているそうです。豊岡市も大阪からでも電車で二時間以上かかって不便なんですが、それが逆にいいみたいです。小豆島も人口三万人の島なんですが、本州や大阪、神戸といった都市と適度な距離感がある。それがいいようです。まさに日本の縮図です。

鈴木　それはまさに日本という国が、長い人類史において「運がよかった」という理由そのものです。なぜ日本がいい国になれたかというと、日本人が優秀だからじゃないんです。日本が島だったからですよ。

前にも言ったけど日本列島は、大陸に対して適度に遠い島。だからいいものだけが流れ着く。遠すぎるハワイじゃ駄目。近すぎるイギリスは女の人でもドーバー海峡を泳いで渡れちゃうから、ゲルマンとかフランスとか、そのあたりの民族に絶えずかき回されます。お味噌やお酒が寝かせることで美味しくなるような時間的・文化的な余裕がこれらの島国にはないわけです。しかも日本は列島が大陸に沿って縦に長い。だから国内で北と南の物産交換ができる。インドネシアなどは、多くの島が赤道に沿って横に並んでいるから、これができない。こちらもバナナ、そちらもバナナでは物産交換ができない。

日本の文化というものは、中国からも、韓国からも、西欧からも、アメリカからも入った。それらを寝かせて醸造したから、気がつくとワインの質でも世界的なレベルになっているし、ウイスキーはスコットランドよりも日本産のほうが高級になっちゃった。全世界のいいものがやってくると、日本人は「失礼」といってそのエッセンスをいただいて、さらにいいものを生み出しちゃう。それができるのは、日本は外国の侵略を受けて根本から揺すられないからです。ゼリーをつくる時にしょっちゅう揺らしていると駄目だけど、静かに置いておくと固まって美味しいゼリーになる。その静止の時間と空間が大切なんです。だから島というのは、島であるため、島であるゆえに、島でなければできない「発酵」があるということですね。

国は地方自治体に学べ

平田　そういう島や地方を見ていると、むしろ鎖国に近い状態です。そのほうが地方はうまくいくみたいですね。

鈴木　そう、だから私はかなり前から全世界規模の「鎖国のすすめ」を至るところで書いているわけですよ。

人類が経験的に発明した最高の国のあり方というのは鎖国なんです。簡単に言うと、全世界が「1、2の3」でみんな鎖国すると戦争がピタリと全部なくなる。だって外国との関係がなくなるんですから。このことは日本の鎖国で実験済みです。二五〇年間、対外戦争がなかった。

同じ闘いでも、内乱というのはそれほど酷くないんです。スポーツでも最後までとどめはささないでしょう。相撲がそうです。土俵から出たらそれ以上は追わないし、勝っても負けてもお互いにお辞儀をして別れる。ローマ時代のグラディエーター(剣闘士)は捕虜か奴隷だったから、「殺せ、殺せ」と観衆からけしかけられましたが、近代スポーツではそれはなくなった。このようなわけで、『鎖国のすすめ』という本を書こうと思っていたのですが、私はもう九〇歳だからあなたがぜひ書いてください。六〇歳で若いんだから。

平田 いやまだ五三歳です。

鈴木 これは失礼、誤算(五三)だった(笑)。

平田 先生がおっしゃるように、鎖国はある意味で究極の平和策なんですが、そうはいってもエネルギーだけはどうしても必要で、国によっては節約しないといけないところもでてきます。でもいまは技術も相当に進んでいるので、省エネを進めて、自然エネルギーで補うと、地域でエネルギーを自立できるようになりつつある。いまどこの自治体でも支出が大きいのはエネルギー関連なのですが、できるだけ、いわゆる再生可能エネルギーを使うことと節約をして自前のものにすると、経済的にも相当楽になります。

鈴木　前にも言ったけれど、戦後の日本経済は完全に資本主義アメリカ型の「拡大」路線で、「たくさん使えば安くなる」という思想に塗り固められていました。電気代も同じで、一般家庭よりも工場などのほうが安い設定になっている。これを逆にして、一般家庭の基本的使用料はただ同然にして、でも庭にプールを作りたいとか飾りつけに電球をたくさんつけたいといった個人の特定の欲望を満たすためのエネルギーは累進的に高くするとかすればいい。

実際カリフォルニアではそれをやっているんです。あそこは砂漠で水がないから、一〇〇〇キロほど先から水を引いている。だから庭にプールがあって美女が泳いでいるような家は水道代がとても高いんです。

日本も同じような発想で、大きいことはいいことだけじゃなくて、小さいこと少ないことはいいことだと発想を変えたらいい。私なんか六〇年前に軽井沢に山小屋を建てたんですが、ブリキ屋に言って真っ黒な茶筒の巨大なお化けのようなものを作らせた。それを屋根にあげて、朝、山の冷たい水をそこに入れるんです。すると三〇分くらいで水があふれるから蛇口を閉めて、そのまま夕方まで放っておくと三〇度程度のお湯になる。それで親子四人がシャワーを浴びていました。そういう工夫をするだけでプロパンガスや石油はいらないんです。それでうちの電話番号は「お風呂なし、四六時中、散々苦労」（〇二六七‐四六‐三三九六）だと講義で話していたら、この前、同窓会で三十数年ぶりにあった女性が「先生、まだ先生の電話番号は『お風呂なし』ですか？」って覚えていた（笑）。もっと素晴らしい宇宙の真理を教えたはずなのに、そっちはすっかり忘れちゃってたけれど（笑）。

　水力以外の電気は発電にうんと貴重な資源がいるんです。原発も止めるのはいいんだけど、電気を「いっさい使うな」というのは無理だから、「こうしたら害の少ない水力や太陽熱利用の自然発電で使えます」というのをもっともっと啓蒙したらいい。あなたの影響力でぜひ書いてもらいたいです。

平田　先週も岡山の瀬戸内《せとうち》市というところにいきました。ここは人口三万数千人。非常に素晴らしい図書館を今度つくったんです。この町にはもう使わなくなった塩田《えんでん》跡があって、農作業にも適さないのでメガソーラーを設置して発電しています。それで七万戸分の電気を供給できるそうです。人口は三万数千人だから戸数は一万戸程度。余った電気は岡山市に供給できる。

このように各自治体が少しずつ工夫して発電をしていけば、実は、数で言うと地方自治体のほとんどで電力の自立はできると言われています。たぶん駄目なのは電力の大消費地を抱える東京、大阪、名古屋あたりで、そこをまかなうのは大変ですが、人口がもう少し分散すれば、日本中十分に電力的には自立可能だと思います。

鈴木　建築法を改正して、何十階以上の建物を建ててはいけないとすればいいんですね。だって地震がきたら高層ビルは弱いことはわかりきっているんですから。そうすれば東京に人が集まることはなくなって、人口のスプロール化が避けられる。人間は禁欲のすすめでは駄目、我慢しろじゃ駄目。欲はかくけれど、それを自然に害が及ばないように稀釈し分散する。そういう発想をあなたには広めていただきたいなぁ。

平田　そういう地方の自治体が実践している施策が国全体の政策になれるかどうかですね。

むしろ国は自治体に学べといいたい。もはや人口は増えない。経済成長もありえない。高齢化集落は当たり前。それでもこの町を守るために知恵を働かせて汗を流している地方の自治体に国は学んだほうがいいですね。

地球全体を考える

平田　先生、フィンランドに未来委員会という組織があるのをご存じですか？　国会の正式な機関なんですが、五〇年、一〇〇年先のことだけを考える委員会が国会内にあるんです。日本にはそういう組織も発想もありませんね。

鈴木　それは素晴らしいね。具体的にはどういう活動をしているんでしょう？

平田　予算委員会などと同じ、国会内の委員会なのですが、いまで言えば、高齢化とか、IT社会とか、漠然と人々が不安に思っている問題を、まだ国民が現実感を持てないうちから調査、研究し、提言まで行っていきます。

鈴木　なるほど。それは知恵のある組織ですね。私は日本の参議院がそういう役割をすればいいと思います。前から言っているんだけど、いったい参議院とは何をするところなのか？　参議院と衆議院は明確に役割が違うはずなのに、現状では衆議院を落ちたから参議院議員になるとか、スポーツで有名だった人が議員になったりしているでしょう。そうじゃなくて、日本はいま地球国家として超大国になっているのだから、もっと本気で地球全体のことを考えないといけない。日本が世界という長屋の店子《たなこ》だった時代にはあんまり町内の心配はしなくてよかったんだけれど、大家さんになると、鎮守《ちんじゅ》の杜のお祭にはいくら包むとか、役員は何人出すとか、そういうことも考えないといけない。今の日本にはあまりにも世界経論がなさすぎるんです。超大国になったのに、です。

私は日本の参議院というのは、常に世界を見据えて日本がどうするか、どう振舞うかを考える議会だと思います。そのためには外国語がよくできて、外国の事情を熟知している、視察もしょっちゅう行くような人がなるべきです。どぶ板選挙を経て地域代表が国会に行くのは衆議院がやればいいので、二つの議会の役割を明確に区別すべきですね。

平田 ぼくもそう思います。参議院は少なくとも党議拘束を外して議論すべきで、日本の未来だけでなく世界の未来、地球の未来を考えてフィンランドのように一〇〇年先をみなければいけない。そういう話し合いの場に参議院がなったらいいと思います。

鈴木 大国のくせに世界的な視野がない文明国が日本なのです。さっき語った島国の利点と裏腹で、外の世界に対する視野が狭い。もっとも外の世界への視野がありすぎると、アレキサンダーとかチンギスハンとかフビライのような指導者が登場して他国をどんどん征服する戦争が盛んになるのですから、それがなかったから幸せになったという言い方もできる。とはいえ今日では、日本も地球人類の運命に関して発信や行動をすべきで、参議院ではそうすべきだという議論が大学の法学部から出てこないのはおかしいし、文学部からも問題提起がないのはおかしいですよ。

平田　第一章でも語ってきたように、本当に日本は、その持っている良さを世界に発信することが苦手ですね。

エリート教育も必要

鈴木　私は「防人型《さきもり》」人事構想と呼んでいるのですが、日本はいまこそ思い切って少数の英才を対象としたエリート教育を考えるべきではないでしょうか。エリートを防人として適材適所で配置して国を守るという発想です。

戦後の日本では平等主義が広まったのはいいのですが、エリートを潰すことばかりやってきた。たしかに戦前のエリートにはよくない面もあったけれど、考えてみればエリートがしっかりいて働いたから日本は明治維新からわずか一〇〇年ちょっとで欧米も無視できない大国になったんです。その一番の証拠は、先にも言ったようにアフリカの五四の独立国で、国ができてからもう七〇年たっているというのにどこも自立できていない。全部先進国からの援助できてしまってぬるま湯状態だから、指導者や官僚制が育たない。官僚たちは外国からもらったものを全部身内で分けてしまって、使えない大きな発電所とか車もろくに走っていないアスファルトの道路ばかりができている。援助を権力の誇示に使ってしまうんです。

ところが日本の場合は、江戸時代二六〇年間、戦争がなかったお蔭で、前にも言ったように、お侍さんが帳簿付けや漢学の勉強ばかりやっていた。それが東大の学問につながって、あっというまに日本は西洋と東洋という二大文明を身につけた。イギリスの有名な詩人キップリングが、「宇宙が終わるまで交わらない」と言っていた東洋と西洋を日本はうまく混合させて、二枚腰、二刀流の文明になったんです。

その素晴らしいエリート層をもっと伸ばさないといけない。フランスのENA（フランス国立行政学院）とかシアンスポ（パリ政治学院）のようなエリート養成のための教育機関を作るべきです。そこの出身者が他国の首脳と宇宙を論じたり、世界平和を語り合う。そういう知識や能力があるエリートを養成しないといけません。

平田　私はたまたまフランス・リヨンのグランゼコールで二ヵ月だけ教えたことがあります。そこの学生たちは本当に優秀でした。ただ単に頭がいい、点数がとれるというだけでなく、全寮制で暮らしているので何か課題を出すと「じゃあお前こっち決めておいてくれ、おれはこっちの課題の準備をしておくから」と役割分担してやっていく。お互いの長所短所がわかっているので、そういうことがすごくうまいんです。

大阪大学の大学院でもそういう教育を目指したんですが、日本の制度、組織はどうしても中途半端になっちゃって、頓挫《とんざ》しちゃう。平等が好きな国なんですね。

鈴木 そう、エリートなんかを育てようとすると「ずるい」と言い出す人がいるんです。だから小学校で全員英語を勉強することになる。でもよく考えてみれば、人生で本当に英語が必要な人は全体の一割もいないはずです。幸いなことに日本の日常生活では英語は必要ないんだから。かつてある参議院議員が「日本で英語ができる人は全国民の三%あればいい」と発言したことがあって物議を醸しましたが、私は大賛成しました。いまでは一%でもいいと思っている。その代わりその一%はENAとかグランゼコールの学生に伍《ご》して、世界や宇宙を論じられる知識と経験と知性を持たないといけない。

平田　そうなんです。いまの文科省が進めているグローバル教育やリーダーシップ教育も、せいぜい英語で授業をしなさいという程度のものが多い。それでは世界のエリートに伍す力は身につかないと思います。

鈴木　むしろ生まれたときから大学院まで母語でしっかり勉強していかないと、しっかりした世界観が身につかない。なぜ日本人にノーベル賞受賞者が多いかということの理由を前に語りましたが、それは日本語という言語ですべて学んでいるからいいのであって、子どもの頃から外国語である英語を習ってもせいぜい二流のヨーロッパ人、三流のアメリカ人になるだけです。教育においても、アメリカやヨーロッパの世界戦略に乗せられているのがいまの文科省官僚なんじゃないでしょうか。

エリートというのは、変わり者でいいんです。たとえば私がアメリカを戦わずして日本領にする「トロイの木馬戦術」と呼んでいる考えがあります。いまトランプが大統領になって「日本を守らない」なんて言いだしていますが、ならば日本はアメリカの五二番目の州に自発的に志願してなってしまう。すると一億二〇〇〇万人の日本人は、アメリカ国内のマイノリティとしては最大となる。そこでうまく動いて、ペルーのフジモリ大統領のように日本人の大統領を出してしまう。すると日本は戦わずしてアメリカを無血占領できる。

エリートというのは、それくらいの馬鹿げたことを真面目に考えられる人でないといけない。出る杭は打たれるというけれど、私はすかさず「私の杭は天井に届くくらい出すぎているから、あなた方には打てないでしょう」と言い返します。そういう人間を集めて世界と丁々発止するイメージですね。

二〇二〇年の教育大改革

平田　現実的に日本では、二〇二〇年に大学入試改革が予定されています。いまのセンター試験をやめて、どちらかというとアメリカ型で、非常に簡単な一次試験を行って、二次試験は各大学に任せると。頑張っている大学は頑張るとは思いますが、受験生が大勢いるマンモス大学では個別の試験を行うのは難しいかと。おそらく中途半端に終わるのではないかと危惧しています。私自身は、大学の教員なので、試験に演劇などのグループワークを取りいれて協働性を計るといった最先端の試験を創ってきました。小さな学校は改革も早く、対応もできるのですが、おそらく二〇二〇年の時点では、まだら状に改革が進むので受験の現場は大混乱となるでしょう。

鈴木　私は具体的にはその改革の中身を知りませんが、大衆化した大学の改革と並行して、旧帝大のようなエリート養成大学の設置も合わせないとうまくいかないんじゃないでしょうか。すべての大学のレベルを上げるのは無理ですからね。それは平等という考え方にどう挑戦するかという課題になるでしょうが。私は戦前のように、少数の大学と地方の産業や特色を生かした専門学校の二本立てに見直すべきだと思っています。短大は中途半端で駄目です。

平田　フランスのグランゼコールは、たいてい三年制なんです。そんなに長くはないのですが、羨ましいのは、ほぼ全寮制ですから、ピケティみたいな経済学者からサルトルのような哲学者、アーティストの卵も、若きカルロス・ゴーンまでもが三年間一緒に暮らすんです。そこでジャンルを超えてお互いが切磋琢磨して、知識にしても経験にしても逞《たくま》しい人間が育ってくる。思想的にも左右一緒に暮らしますからね。

鈴木 アメリカのコロラド州にも、大学ではないがアスペン・インスティテュート・オブ・ヒューマニスティック・スタディーズという施設があって、アーティスト・イン・レジデンス（アーティストが住み込んで活動するスタイル）で活動しています。そこでは画家や音楽家、とびきりの人間たちがお互いの才能を磨きあっている。

そういう諸外国から比べると、日本社会は中間層が厚いんです。欧米は一部のすぐれた上部層がいて、中間層は薄くって、下層社会が分厚い。国民の大多数は下層です。文字が読めない人の率も高いし、大学生に聞いても日本のことをアジアの半島だと思っている人もいるくらい。世界についての常識もないような人が大勢います。

ところが日本は高い教養のある中間層が多くて、ずば抜けた本当のトップがほとんどいない。その代わりひどい下層が少ない。しかし最近は分厚かった中間層が分解して下層が増大しつつあるようですが、それでも欧米に比べれば中間層が多いはず。そのせいもあって世界的な指導者になる人が出ないんですね。少なくとも富士山じゃないけれど、「頭を雲の上に出し」という限られた数のずば抜けた人材をなんとか養成しないといけないですね。

平田　いまの日本でも、東大や京大の大学院を改組して、三年間くらい徹底的に人間について学ぶ組織がつくれたらいいですね。そこではいろいろなジャンルの学生たちが集って、夜を徹して議論するような環境をつくる。

鈴木　いまおっしゃったことは大事なことですね。日本人はパーティーに出席しても、初対面の人と出会って侃々諤々《かんかんがくがく》の議論ができない。ただ知り合いとこそこそ話してそれで終わり。何ともつまらない。ヨーロッパやアメリカでは知らない人がいたら次々に紹介しあって、会場を動き回って新しい人との出会いの場にする。中にポツンとしている人がいたら話しかけて、そこから新しい関係が広がるという、人のつながりを広げるパーティーなら面白いんだけどね。

平田　そうなんですね。そういう体験をできるだけ若いうちからやらせるから、たとえばフランスのピケティみたいなちょっととんがった人でも、さまざまに揉まれて思想が高まっていく。むこうのエリートたちは、若い頃の切磋琢磨の経験があるから右も左も電話一本で支えあう。そういう人脈ができている。

鈴木　私は名刺を持っていないのですが、パーティーに出ても、「名士は名刺がいらないんです」って言うと相手は笑ってくれる。そういう具合に自分の演出をすることも大切で、それで相手に深い印象を残せるのです。それが私の特技です。日本という国と外国との接点（インターフェイス）には、そういう私みたいな変な日本人が少数は必要なんだというのが私の持論です。

まちづくりの成功のカギは

平田　二〇一六年夏の参議院選挙では自民党が勝って、五五年体制に戻ったような感じですが、先生は現在の選挙、あるいは民主主義に関してはどんなふうにお考えですか？

鈴木　私はあまり選挙には興味がなくて……。民主主義を信じるがゆえに、戦後の日本の選挙はまったく民主主義的じゃないから嫌なんです。ギリシャ時代の民主主義というのは、労働を全部奴隷に任せて、インテリや市民が広場に集まって空理空《くうりくう》論《ろん》や床屋政談みたいなことを思いきりやることを指していました。そして女は一人もいなかった。

誤解をおそれずにあえて言えば、そういうある意味で正しいエリート主義が支えていた。いまのように食うに困って議員の手当てを生活費に使い込むような人がこれだけ多いと、これは衆愚政治、モボクラシーであってデモクラシーじゃない。私は定義上、いまの日本の政治システムを信用しないから選挙にも興味がないんです。

だって選挙といってもたった一週間か一〇日間程度ポスターが貼りだされるだけで、生の顔も見たことがない、意見も知らない、誰が立候補しているのかもわからない。それなのに投票だけはするというのは、およそ選挙の本質に反するわけですよ。それならば、「自分は恥ずかしいけれど立候補者のことをよく知らない、だから投票の資格がない」といって棄権する人のほうが正しいんじゃないでしょうか。

ギリシャの民主主義というのは、日常の生活はすべて奴隷に任せて、一万人か二万人の市民がアゴラ（広場）に集まって議論する。ほとんどの人がお互いに裏も表も知っていて、「あいつは女癖が悪い」、「あいつはいい顔をしているけれど裏で金をため込んでいる」とか、そういうことも知り抜いていて、その上で「しょうがない、でも政治力はあるからこいつにするか」と投票する。

それに対していまの日本のように投票所の掲示板で初めてポスターをみて、顔がいいとかネクタイの柄が好きといった理由で投票するのが選挙と言えますか？　私は言語学者だけに、そういういい加減な言語の使い方をされるのは嫌なんです。こうした私の考えは偏屈に思われるかもしれませんが、いずれにせよ今の選挙のあり方は根本から変えないと民主主義とは言えないでしょう。第一、都知事選のように何百万の人が一人の人を選ぶなんて、結局は人気投票になってしまう。

平田　自治体でも、まちづくりで成功しているところは民主主義に正直なところですね。たとえば私がお手伝いしている岡山県の奈義《なぎ》町では、数年前に特殊出生率二・八一を記録して、日本で一番子どもを産む町になった。若い人がどんどん移住してきている。

ここは市町村合併をしないと宣言した町です。平成の合併ブームのときに住民投票をやったのですが、その時に役場の職員が「合併すると、こういういい、いいところと悪いところがあります」、「合併しないと、こういう功罪があります」と全部細かく示した。その上で町民が合併しないという道を選んだ。先生がおっしゃられるように、人口六〇〇〇人の町ですから、ほぼ全員知り合いです。その中でメリットもデメリットも全部示して住民投票した。その結果合併しないことを選んだ。その代わりに議員の歳費は四割カット。町役場の職員数も減らしていまは八〇人しかいない。普通六〇〇〇人の町ならば多いところなら一二〇人くらい職員がいます。合併しないと補助金などがもらえませんから、財政は苦しくなる。それも承知の上でのことですから、誰もが納得しています。

このように正直に、「うちの町の規模だとこの程度の経済です」ということを、住民にちゃんと説明して選んでもらうというのが民主主義だと思うんです。

期間限定の「凍憲」を

平田　そういう点から言うと、この前（二〇一六年夏）の参議院議員選挙は「憲法改正」の細かな議論がなされないままに投票になってしまった。この点も民主主義の原則からはかけ離れていますね。

鈴木　そうなんです。選挙では明らかに二重三重の欺瞞《ぎまん》が行われましたね。

平田　そんなに簡単に憲法改正はできないわけですから、そこを無理やり争点にしようとした野党の戦略にも失敗がありました。国民の最大の関心事は経済であり社会保障ですから、そちらで対案を出して戦うべきだった。

そもそも憲法に関しては、ぼくはガチガチの護憲派ではないんです。変えるなら変えてもいいと思います。ただし、政争の具になるから問題なのであって、フィンランドの未来委員会のように、将来を見据えた議論にすればいい。七〇年前にできた憲法は、あの時点では世界史的な意味があった。あれだけの悲惨な戦争があったんだから、もう戦争は、絶対にやめましょうという憲法は画期的だった。だから世界の人が日本の存在を認めてくれた。

もう一回憲法をつくるなら、日本のためだけの憲法ではなくて、まさに地球のための憲法にするというのだったら、ぼくは変えてもいいと思うんですね。

そのためには、まず、今後一〇年間は改憲を議案とすることを凍結しますと宣言する。その一〇年間でいろいろな学識経験者も集めて、日本がこれから世界のために貢献できる憲法はどんなものかと徹底的に考える。議論をし尽くす。それだったらぼくは、改憲議論にも意味があると思います。改憲でも護憲でも加憲でもなく、私の提案は期間限定の「凍憲《とうけん》」です。

鈴木　それは素晴らしいアイデアだ。これからの世界の理念を示す憲法なら私も大賛成です。

いまの憲法というと、必ずアメリカからの押し付けだという議論になりますが、そもそも日本のほとんどの法律は伝統的に日本人が考え抜いた結果の法律じゃないんです。明治の開国期には外国の法律を持ってきて、それを日本のものとして翻訳して対外的に公表したものです。明治政府はボワソナードというフランスの法学者を呼んできて、誤訳でもいいから速訳してくれといって大急ぎで法律をつくった。それは欧米列強に対して「日本人は野蛮じゃありません。おたくと同じ体裁の法律を持っています」と言いたいためだけの法律だったから、そうなってしまったんです。庶民なんか蚊帳の外です。アメリカの植民地時代のように、みんなで集まって「お前は勉強できるから学校の先生やってくれ」、「君は腕っぷしが強いから警察官になってくれ」といったように、下から盛り上がってつくられたものではない。アメリカは下から盛り上がって、それが町になり州になり連邦国家となっていく。そういう下からの力が日本の法律にはまったくない。日本古代の基本法典といわれる大宝律令（七〇一年制定）以来、そういうものなんです。日本はいまでも基本的には、外国を見習った天下りの「庶民と無関係な」法律がほとんどです。

平田　知人に民法学者がいて、ドイツの法律を研究していますが、先生がおっしゃるように明治の開国期に日本はまずフランスの法律を輸入した。ところが先進的すぎるということで、途中からドイツ法に変わっていく。民法などはドイツ法です。

だからいまでも、「ここは日本語がおかしいな」とか「これとこれは、どういう順番になっているんだろう」と疑問な点が出てくるそうです。調べてみると、いまだにドイツ語からの誤訳が発見される。それくらい明治初期のものがそのまま伝わってしまっている。日本の法律は、先生がおっしゃる翻訳文化、丸善文化そのものなんですね。

鈴木　だから本当は日本には小難しい法律なんかいらないんですよ。寄り合いというか、みんなの話し合いで何とはなしに決まるというのが日本式だから。それなのに日本人の現在の法意識は、上から与えられた理念にすぎない。「悪いことはやめましょう、いいことはやりましょう」というもの。それに対してたとえばアメリカの法律は「庶民の具体的な行動の正邪をはかる物差し」です。あることに関して物差しを持ってきて、この物差しからはみ出したら憲法違反だと決める。世の中が変わると物差しも変える必要が生まれるから、憲法というのは多い国では何十回も変えています。憲法は変えてもいい、変えるものなんです。けれど日本の憲法は理念型だから変える必要はない。永遠の真理ですから。変えるというと大騒ぎになるのは、物差しじゃないからなんです。

だからオリザさんが言ったように、世界平和のための理念型憲法をつくるとなったら、それは日本人としては初めて自分たちで憲法をつくることになる。そのために一〇年とおっしゃったけど、たしかにそれくらいの時間は必要でしょうね。そういう憲法ができたらいいなぁ。

イエス・ノーに気をつける

平田　演劇というのは俳優が相手役と喋る作業をするわけですが、相手のセリフのどこに反応して自分が次に喋る態勢になるかというのが結構大事なんです。下手な役者は、演出家から「よくセリフを聞きなさい」と言われると相手の言うことを全部聞いてしまって、それから喋りだすから変な間《ま》が空いてしまう。日本語の特徴として、それがイエスなのかノーなのかは文章の最後に語られるので、どうしても最後まで聞いてしまう。ところがうまい役者は、相手の言うこととの意味が大体わかるタイミングをつかんでセリフを語る態勢になってパッと喋りだす。これは無意識にそうなるんです。

さらに、欧米の言語は主語・述語が頭にきますから、相当早い段階で相手の言いたいことがわかる。だから相手が喋っていても自分も語ろうとする。日本語の構造はそこが違いますから、ある程度まで聞かないといけない。これは大きな違いです。だからどうしても、欧米の言語のほうが戦闘的になりやすいのではないか。「次、俺の番が来たらすぐ言うぞ」と身構えているわけですから。

もう一つは、これもよく言われることですが、日本人は話が長いので相手の言うことを聞きながら頷く。それは相手に同意しているわけではなくて、「はい、私はあなたの言うことを聞いていますよ」というシグナルです。ところが欧米人は頷かれると相手が同意したものだと思ってしまう。それでよく誤解が起きます。

でもこういう日本的なコミュニケーションというのも、西洋と比べて、別にどっちがいいというのではなくて両方あってしかるべきですね。

鈴木　私の研究会でも、「イエス」と「ノー」が一番危険な英語だと話したことがあります。イエスは「はい」で、ノーは「違う」というのは大間違いで、日本人が使うと特に「イエス」は「あなたの言うことを聞いています」という合いの手の場合が多い。

ところが欧米人は原則的に合いの手は使わない。相手が喋っている間は基本的に黙っている。ことに電話がそうで、三〇分くらい黙って聞いていることがあります。ところが日本人の女の子の電話の会話を聞いていると、「うっそー、うそ、うそ」とうそという言葉だけで三〇分くらい喋っている（笑）。

この「うそ」というのも曲者《くせもの》で、日本の「うそ」は英語と違って事実の客観的否定にすぎない。ですから会話に出てくる「うそ！」はまさかそんなことはないだろうという驚きの表明であって、相手の言うことの否定ではないのです。ましてや相手の倫理性に対する非難ではない。ですから「うそ」というのはそれ自身は悪いことじゃない。「うそつき」になるとちょっと別ですが。ところがヨーロッパ語で「うそ」は、自分が真実でないことを知っていて相手を騙すことを言います。だから嘘は定義上悪なんです。

それを外国人が理解できなくて、日本人が言う「うそ」という言葉に対して顔色を変えて怒ったりする。日本人の「嘘」は、「へーえ、そうなの」とか「まさか」ということなんですがね。

「イエス」に話を戻すと、日本人が英語を話すとき、合いの手型の「オー、イエス」を連発するから相手は喜んじゃう。ところが最後に「ノー」というと、いままで賛成、賛成と言ってきて、どうして急に反対になるのかと喧嘩になってしまう。だから日本人は英語を話すとき、できるだけイエス・ノーを使わないようにする必要がある。でも、これはなかなかむずかしい。

平田　英語教育だけでなく、いまでは国語でも「はい」「いいえ」をはっきり言いなさいと教えますね。

鈴木　それは国語教育も英語教育をモデルにしてきた悪い習性ですね。日本語を英語に見なして習ってきたんです。

語学教育は異文化教育

平田　教育の分野では、ぼくはいま全国で演劇的手法を使ったコミュニケーション教育を行っています。たとえば四国では、本州との間に橋ができて、四国以外の人との交流が増えた。その時四国の子どもたちが、どうやって四国の良さを失わずに本土の人たちとコミュニケーションを取っていくか。そういう教育が大切だと思っています。四国は日本の縮図です。さらに離島は、その傾向がもっと強くなる。小豆島の先生方は口を揃えて、「この子たちは島ではいい子なんだけど、島を出て大学に行ってから、他者とのコミュニケーションで苦労する」と言う。高校までは小豆島にあるんですが、大学はないですから。そのギャップを緩和するというのがコミュニケーション教育だと思います。

ところが日本の英語教育をみていると、せいぜいがんばっても、クラスのうちの一人か二人が将来ユニクロのシンガポール支店の支店長くらいにしかなれないんじゃないかと思うことをやっている。英語教育のために他のことを犠牲にしているし、獲得目標が低い。先生がおっしゃられたように、エリート向けに行う本当の英語教育と、そうはいっても国内でも昔よりは英語を使うようになったので、たとえば観光のための英語教育とか、分けないと意味がないですね。

鈴木　そういう点で私は「NHKが一番よくない」と一〇年前から言い続けています。NHKの夜のニュースに、なぜ「ニュースウォッチ9《ナイン》」という名前をつけたのか。「報道9時」ではいけないのか。NHKの人に聞いても理由がわからない。なんとなく「ニュースウォッチ9」がいいという。

　これを言語学的に言うと、日本人にとって英語は「威信言語（prestige language）」といって「憧れ、かっこいい」ということなんです。なんでも英語にするとかっこいいと思ってしまう。明治の開国期に外国人が入ってきて、鼻が高い、戦後はアメリカ人がやってきて、女性のおっぱいが大きい。そこで戦前は日本人の美意識におっぱいなんてなかったのに、アメリカ文化が入ってきて洗脳されると巨乳美人なんていいだす。あの「憧れ」です。たしかに以前は外国から来たものは、品物にしても概して品質がよく立派だった。私の母などは、よい物をほめるとき、「上等舶来!!」とよく言ったものです。外国から来るものは歓迎するわけね。

ところがアラビアとかギリシャでは、外国からきたものでいいものがあった試しがない。だから外国に対してはむしろ「ゼノフォビア」（xenophobia、外国人恐怖症）という感覚、外国なんて嫌いだ、いらないという抜きがたい強い思いがある。ところが日本人は明治期以来、外国語ができた人が出世してお金持ちになったり大臣になったりしたから、わが子に英語を学ばせたいというお母さんの力が文部省を動かした。経団連とお母さんの願望が英語教育につながっているんです。

でもよく考えたら、自分たちで苦労して英語を学ぶよりもむしろ世界の人にもっと日本語を広めて、観光客にも日本語を話してもらったほうが楽でしょう。そういう考えを外国ではとっくに、言語経済学という学問として研究しているんです。イギリスはまさに世界中の人間に英語を使わせることに成功したために、どれほど経済的に得をしているか。日本のように国民全体が義務教育で英語を学ばなければいけない国は大損しているんです。そういう世界的な視野で英語教育を考えるべきだと文科省の人に言ってもちっともわかってもらえない。

だから言語教育を考えるときは、言語経済学とか、ヨーロッパ語で見えないものが日本語では見えることがあるとか、一神教でわからないことが多神教で理解できるとか、文化の多様性がなくなると人類は滅びるとか、言語問題を多面的に考えてお役人や頭の固い教授たちを説得しないと駄目なんです。

日本語と英語で一番違うところは、英語というのは文章の中に必要なものを全部入れるんです。だからやったことは全部言うし、言わなかったことはなかったことなんです。これは前にも言いましたが文化人類学的に言うと、低文脈言語と高文脈言語の違いです。言語外の要素に多くを依存するのが高文脈で、できるだけ必要なものは言語表現に組み込むのが低文脈型です。日本語は、ちょっとだけ言って他は全部相手が察するように仕向ける高文脈言語の典型です。

この高文脈言語とはいわば内輪《うちわ》言語で、何もかも異なる外国人とのつきあいが歴史的に少なかったことと関係があると思います。でもこれは国際的なコミュニケーションとしてはまずいわけです。だから日本人は、相手が外国人の場合は、全部言わないと相手は理解できないから誤解を招くよ、と自覚しながら話す必要がある。そういう使い分けをしないといけない。それは仕方ないことなんですね。

平田 それくらいの使い分けは、頭のいい子は中学二、三年生でもできると思います。高校生なら十分可能でしょう。子どもたちにも「日本語のコミュニケーションはこうだけれど、西洋ではこうです。だから日本は、これから海外と向き合うときには、多少こういうふうにしていかないといけませんよ」ときちんと異文化交流の筋道を説明してやればいいと思います。ただ、これは小学生では難しい。英語を小学校低学年から教えることになっても、その説明は無理だと思います。ここに落とし穴がある。

鈴木 だから私は小学生を対象とする英語の授業では、すべての生徒が将来、実際に英語を使うということを前提にしないで、英語を使う人の文化は日本人とはいかに違うか、違うからこそ面白いっていうことを教えればいいと思います。たとえば「お月さんは何色?」と聞いたら、日本人は「黄色」と答えるでしょう。絵で描いても黄色を使う。あるいは「虹は何色?」と聞くと、日本人は「七色」と答える。

ところがイギリス人に聞くと「お月さまは白」、「虹は六色」と答えます。へぇ、同じ人間なのに同じものが違って見えるのか。そういう日常的な文化の違いを語学の時間に教えるほうがはるかに国際理解につながりますね。

平田 ぼくも大賛成です。ほんとうに小学校の義務教育からの英語学習はやめて、「国際理解」とか「異文化理解」という科目にして、その中で英語の単語とかを教えるといいのではないでしょうか。

鈴木 私は前から文科省に対して「国際理解という概念を国際相互理解にしましょう」と主張しています。つまりあちらの文化をこちらが勉強するだけじゃなくて、あちらの人にもこちらをわかってもらう。たとえば日本の商社マンの子がパリにいて、黒板に何か書いたらクラスメートから「やーい」とからかわれて、翌日から登校拒否になったという話がありました。親がその理由を調べたら、「太陽を赤く描いた」ため友だちにからかわれたという。たしかにフランス語では太陽は黄色なんです。「Le soleil est jaune」という。ドイツ語も黄色。ヨーロッパのほとんどの国では、スペインとロシアを除いて太陽は黄色です。ところが日本では、黄色といえば月、太陽は赤く描くのが普通でしょう。美空ひばりの『真赤な太陽』という歌もありますから。

また日本では茶封筒と呼ばれる封筒がありますね。あれもフランス語では黄色い封筒と呼びます。「enveloppe jaune」という。日本人の黄色の感覚とは違います。同じ黄色と言っても国や民族によって色彩感覚が違う。そういうことを教えることが、国際相互理解です。

クラスでそんな説明をしたら、「よし、隣にアメリカ人がいるから家に帰ったら聞いてみよう」と子どもたちの目が輝く。この単語を暗記しなさいとか、世界ではこうだから劣っている日本語の感覚を直しなさいとか、そういうことじゃないんです。たしかに明治の開国期には日本は機械文明の点では欧米に比べて劣っていたかもしれないけれど、追いつき追い越した今は、外国を優劣の感覚でいつも見る癖を直さないといけませんね。

目的のない教養主義はダメ

平田　先生は慶応義塾大学湘南藤沢キャンパス（SFC）をつくったときに、独特な語学教育のカリキュラムをつくられたとうかがいました。ある意味で理想的な教育を目指されたんじゃないですか？

鈴木　あれは作ったには作ったのですが、私がいなくなってからほとんどひっくり返されました。当初私が考えたのは、明治の英語教育からの脱却です。当時の大学では、クラスに英語の本が一冊だけしかなくて、福沢諭吉がその本を学生に回し読みさせて学ばせた。それくらい英語の勉強は大学でしかできなかったんです。だから学校では英語を必修にした。時代的にも大英帝国が世界の七つの海を支配して、世界の半分くらいを自分の領土にしていました。昔の世界地図はイギリスの領土を示すピンクでほとんど塗り固められていて、私が子どもの頃に世界地図を見ると、なんでこんなにピンクが多いのか、大英帝国は凄いなぁと思ったものです。いまのインドもバングラデシュもパキスタンも南アフリカもみんなピンク。いまから思えばイギリスという国はすごく侵略的な、植民地を世界中に広げ続ける暴力的な拡張国家だったのです。

だから明治時代の日本は、ヨーロッパで一番勢力のあるイギリスの言語である英語を学べば世界に早く追いつける。そう信じて英語を必死で勉強しました。ただし医学はドイツが進んでいた。イギリスは医学に弱いんです。だから私は医学部に入ってドイツ語を三年間やりました。フランスは法律が強かった。ローマ法とかはフランス語で学びます。それから生理学者、免疫学の種痘《しゅとう》で有名なパスツール。放射能のキュリー夫人。それらはフランス語です。ですから日本の大学では、まず英語を学んで、足りないところをドイツ語やフランス語で学ぶ。そこで大学生の第一外国語は英語、第二外国語はフランス語かドイツ語の選択制。そういう時代が長く続いて、ヨーロッパの良いところ、優れたところだけをつまみ食いしてやっと日本は西洋に追いついたんです。

ところが今日では、日本は西欧に追いついたんだから、もう英語もフランス語・

ドイツ語も昔と同じようには学ぶ必要はない。「先生はお年寄りになられましたからお休みください」と言って、ブラスバンドの演奏付きで盛大に大学から送り出してやればいい。そして今度はこれまでやっていなかった朝鮮語、ロシア語、アラビア語に立ち向かう。これからの国際関係ではアラブ、イスラムが大事なんだから、大学の必修外国語はアラビア語とロシア語、朝鮮語、それに中国語とインドネシア・マレー語などを手分けして学ぼうという、世界の現状と未来の姿を考えて。私はSFCの語学教育をこのようにデザインしました。ですから英語を必修から外したんです。

そうしたらすべての先生から評判が悪くて、「なんで英語が大切なこの時代に英語を必修から外すんだ」と大ブーイングを受けました。私にしたら、「今は英語は自分で学べるでしょう」と思う。山手線に乗って外国人がいたら、靴を踏んで「I'm sorry」といえば会話が始まって英会話の勉強になる。実際英会話の先生の中にはそうやって会話力を磨いた人がいるんです。山手線の中で話し相手を見つけてレッスンしていた。山手線だけじゃなくて、いまではテレビでもラジオでもDVDでもネットでも勉強できる。そういう時代なのに、何で時間的に限られている大学の授業で週に一度不良外国人を呼んできて、「ハロー」なんてやる必要があるのか？　その意味がわからないと言ったんです。

平田　それは画期的なカリキュラムでしたね。言語を学ぶということは、その国や民族の文化を学ぶということですから、多元的であったほうがいい。

鈴木　それで私が「必修の外国語には朝鮮語とロシア語とアラビア語も加えよう」と言ったら、「誰もそんな授業とりませんよ」と言う。たしかに高校生たちは受験の段階で、日本には朝鮮語とかアラビア語などがいま必要なんだといった情報がなく、相変わらず欧米中心の勉強をしてきているから無理もない。親だって「アラビア語？　そんな言語を学ぶのはやめなさい」と言うだろうしね。

だから大学に入ったら一年間はいっさい外国語の授業なしにする。その代わりすべての外国語の先生が「おれの教える言語を学ぶとどんなに人生が明るくなるか、どんなに日本に役立つか」というプレゼンテーションを交替でする。おれの語学を学ぶと、同じ月謝なのに大学の価値が倍増するよと学生たちに売り込め、客引きしろって先生たちにハッパをかけたんです。学生たちはその先生方の熱のこもったプレゼンを聞いて、自分のやりたい語学の授業を自主的に選ぶというやり方です。
それで蓋を開けてみると、私の思ったとおりロシア語やアラビア語を取る人がかなり多かった。でもさすがに一年間外国語なしというのはまずいという先生が多くて、結局、二学期制の前期の間、それぞれの語学教員に二週間ずつの「客引き授業」をやってもらって、すべての学生が必修でそれを全部とる。朝鮮語を知らなかった学生も二週間、朝鮮語を学ぶ。「意外に朝鮮語は日本語に似ている」ということがわかって、秋になると「俺、朝鮮語をやるよ」という学生も出てきた。インドネシア語はなぜ必要なのか、アラビア語を学ぶ意義は何かということを前期で啓蒙させてから語学の選択をさせたら、学生たちには好評でした。ところが私が定年退職したとたんに英語も必修に復活しちゃった。

平田　いろいろな言語を二週間ずつ学ぶんですね。そんな学びを体験できた学生は幸せでしたね。

鈴木　なぜそれまでの学生たちが大学で新しい外国語に挑戦しないかというと、高校時代三年間は受験のためにぎっちり勉強させられて、大学に入るとほっとして五月病になる。疲れていて勉強をする気が起きない。それでも学期始めに制度として半ば強制的にとらされたドイツ語やフランス語の授業はおかまいなしに進む。秋になる頃には、動詞の変化などが複雑になって、五月病になった学生たちは学期末にはわからなくて落第しちゃう。そういう学生が多かったんです。

だから私はそれを防ぐためにも、五月祭だろうと七夕祭だろうとどんどん浮かれなさいと。その間は客引きの授業だけをやっているから。ただし秋風が吹いてきたらそろそろ真面目な学生生活に戻って、一学期の客引きの授業で面白かった外国語をしっかり勉強しなさいと。そうやったら朝鮮語の授業は満席でした。

そういうわけで、学生の学びというのは大人の持っていきようなんです。いまの学生に必要な情報を与えずに望むようにやらせたら、みんなイタリア語希望になっちゃう。だけどそこには日本の置かれた現状や日本が世界のリーダーになるために必要な言語という観点がない。明治とは違って、戦後の日本の教育には国家という概念がゼロになったからです。それではいけない。武器を捨てた日本の言語教育というのは、何よりも国家の防衛戦略として考えられなければいけません。目的のない漠然とした教養主義ではダメなんです。

子どもが面白がる教育を

平田　ぼくも、日本人が外国語を学ぶだけでなく、世界中で日本語はもっと学ばれていいと思います。大事なことは、たくさんの人に喋ってもらいたいということだけでなく、多くの外国の方に日本語的な視点、日本語のものの考え方に触れてもらいたい。たとえ喋れなくても、それだけでもいいと思うんです。

鈴木　そう、まさに今あなたがおっしゃったように、世界で日本語を読める人をまず増やすのが先決です。だって日本人が学校でこれまで英語、フランス語、ドイツ語を一〇〇年習ってまともに喋れる人が何人生まれたか。中学校から大学まで英語を一〇年間習って、何割の人が会話に自信を持っているか。でも日本人は喋れないけれど、シェークスピアからケインズまで、様々な物語や難しい学術書を読んでイギリスの文化を吸収したのです。だから日本語も会話から教えなければと考えるのは間違いだし、外国人にそれは難しい。だから今マンガやアニメのおかげで、世界中に日本ブームが起きているのは正解だと思う。読んで理解することなら日本に来なくても、やり方次第でできる。ことに明治と違って今はCD、テレビ、パソコン、DVDとあらゆる機器が使えるのだからすぐやれますよ。

ヨーロッパでは、いまでも外国語は会話から教えます。なぜなら外国と陸続きだから、学生たちは夏休みに隣国に行って喋るトレーニングができる。アメリカでも、最も人気があるのはスペイン語です。なぜならメキシコから始まって南米までが陸続きだから。日本は欧米から遠く離れていたから外国人がほとんど来なかった。中国人でさえあまり来なかった。だから日本では古来、外国語の勉強とは、本を読んで外国の優れた学問知識を手に入れることだったのです。

もうひとつ欧米では、外国語を学ぶとその国への就職が有利だというのが言語を学ぶ圧倒的な理由です。ところが日本人はフランス語を学んでもフランス企業に就職するというのはこれまでは考えなかった。教養として学ぶんです。あるいは卒業単位に必要だから学ぶ。そこが決定的に違います。
　では、ヨーロッパ人が教養として学ぶ言語は何か知っていますか？

平田　ラテン語じゃないですか。

鈴木　そのとおり。ギリシャ語、ラテン語。つまりいまや死んでいる人の言葉を古典として学ぶ。死語を教養としてやるんです。死んでいるから攻めてこない。敵じゃない。解釈が間違っても文句は言わない。
　日本人も英語、ドイツ語、フランス語を学びましたが、明治・大正の頃はこれらの国の人は生きているにもかかわらず、どかどかとやってこないから死んだと見なして安心して学べた。日本人は幸運な民族なんです。だから効率がよかった。無駄な会話なんか勉強しないで済んだ。

平田　夏目漱石の時代まで、要するに明治の初期までは、英語やフランス語を学ぶといっても、その背景に漢文、漢籍といった基礎教養がありました。語学をツールとしてだけではなく、広い教養として学ぶ習慣がかろうじてあった。戦前も旧制高校の語学などは、その類いだったかもしれません。しかしいまの語学教育は、「使える」ということのみに偏っている。

鈴木　つまりまとめると、平田さんがおっしゃったように、日本のこれからの一般の外国語教育は異文化理解ということを主にして展開すればいい。「月は黄色」と日本人は思うけれど、白と思う国もあるんだよ。中国では太陽が白なんだよ。蔣介《しょうかい》石《せき》の時代までは中国（支那）の国旗に白い丸があった。あれは太陽の意味だったんです。青天白日というでしょう。逆に日本の日の丸は赤でしょう。ところが世界中の人に「これはなんだ？」と聞いたら、ほとんどの人は「血」って答えますよ。だいたい世界の人の赤い丸は血なんです。日本人だけが太陽だと思っている。

そういうことを教えて、外国語は面白いよ、異文化って面白いよと教えれば、子どもたちは時を忘れて目を輝かせます。

食べることについても、物を食べるときに食器を口に持っていかないといけない文化と、絶対に持ってきてはいけない文化がある。日本では味噌汁のお碗は、口に持っていかないといけないんです。欧米ではスープを飲むときも、皿やボウルはおいたままでスプーンで液体をすくうでしょう。日本人が韓国料理を食べると、食器を持つから「品がない、教育がなってない」と言われる。でも韓国人はちらし寿司を食べるときに、ビビンバの要領でスプーンで混ぜてしまってお寿司を台無しにしてしまったりする。

西洋になぜナプキンがあるかというと、食器を口まで持ってこないでスプーンとフォーク、ナイフで食べるから食べ物やスープを衣服にこぼす。それをテーブルクロスで拭いたのが始まりで、それを切り離してナプキンにした。日本料理でナプキンを使わないのは、食器のほうを口に持ってくるからなんです。

そういう話を子どもにすると、近所に住んでいる外国人にいろいろ聞き回って、先生も知らないようなことを主体的に勉強するようになる。単語や慣用句を暗記したりするだけでなく、自分から物事に興味を持って学んでいく。先生が「授業終わり」と言っても、「まだ帰りたくない」という声が返ってくるのが本当の勉強だと思います。生徒の目が輝かなければ本当の授業とは言えない。

平田　新宿の大久保小学校は普通の公立の学校ですが、日本語を母語としない子どもが半分います。そこでは先生方が頑張って、お互いの文化を学ぶ時間をつくっている。中国のお茶の入れ方とかタイの踊りとか、そういうものをお互いに学びあうんです。地域のお父さん、お母さん方にも手伝ってもらって、各国の挨拶の仕方なども学んでいますね。

ぼくは小学校でも国語の授業は解体して、「ことば」の授業と「表現」の授業に分ければいいと思います。「表現」には音楽も図工も作文も入れる。もちろん、ここに演劇も入ります。日本語は基礎ですから、「ことば」の授業で徹底的に教えていく。日本では、国語の授業で発音や発声は教えないでしょう。非常に珍しい国です。フランスでは小学校一年生から徹底的に舌のポジションとかを教えています。よく、「いまのやつらはもごもご喋って、はっきりものを言わない」と嘆く中高年の方がいますが、そのような訓練を受けていないのだから仕方がない。はっきり喋るというのは、発音、発声を教わらないと自然状態ではできません。日本では、そのような教育は社会人になってから、いろいろ痛い目を見て覚えるという形になっている。

鈴木 言語というものはどこでも、時とともに自然に変わるものなのですが、フランス人は、言語に関しては英米とは違って非常に人工的に手を加えます。フランス人は人工的な言語規範を重視する民族なんです。だから教育でも二〇〇年も前の文章を暗記させたり、外来語、特に英語の流入に関してアカデミーがうるさく規制したりする。国語教育はだから国民性との関係も考えに入れる必要があって、これが最善だと簡単に答えが出ないのです。だから外国の無意味な真似だけはやめたいですね。

平田　そう、フランスでは発音も発声も非常にきちんと教えます。日本でも同様に、「ことば」という授業では「外国ではこうですよ」ということを教えることをカリキュラムに入れ込む。まさに言語の相対化です。中学生になったら、これを「国際理解」とか「国際相互理解」の授業にしていく。英語という科目をなくせば、十分に時間も確保できるはずです。

長年問題になっている「教科書問題」にしても、ガチンコにどちらが正しいか間違っているかじゃなくて、「日本ではこう教えていますが韓国ではこう教えている、中国ではこう教えている。どうしてだろう?」と取り上げればいい。それが相対化ということです。

鈴木　現在のように、かつて日本の植民地だった韓国と日本の歴史問題をこの二つの国だけを視野に入れて議論すると、どちらも自分たちの立場、見方を擁護したくなって、不毛な水掛け論になりがちです。だから前にもふれた三角関係の見方に立って、同じアジアで西欧先進国のオランダに、五〇〇年以上も植民地とされたインドネシア地域はどうだったのだろうか、ベトナムとフランスの関係はといった具合に、視野を広げるとよいと思う。

平田　文科省の中でも良心派の人もいて、省庁のすごく奥のほうでは全科目をやめるとか、根本的なカリキュラムの見直しを研究しているグループもいるんです。でもそういう人たちはなかなか主流派にならないですね。

鈴木　そうなんですよね。そういう人に限って出世できない、余計な仕事を増やすなと上司に睨まれて飛ばされる。いろいろなことがありますが、もうちょっと根本的な教育改革をやってほしいな。歴史は私の専門ではないから、私に小学校の国語の教科書を書かせてもらえたら、本当に面白いものが書けると思うんだけど。

たとえば日常生活の中で、私たち日本人は英語などの西洋の言語では必ず出てくる人称代名詞はほとんど使わず、その代わり「お母さん」とか「お兄さん」のような親族を指す言葉を多く使う。でもその時、目上の人を言う用語、たとえば父母や兄姉は出てくるけど、息子や娘、弟や妹のような、自分より年下の家族を呼ぶとき、「おい弟！」とか「妹ちゃん、一緒に遊ぼう」などとは言わない。それはどうしてかな、というような話題を扱うとかすれば、子どもたちは自分たちの日常の言葉遣いに目を向けていろいろと面白がって考えると思うんです。

第四章　下った先に見える風景

豊かさは度を過ぎると毒になる

平田　ここまでの議論でも触れてきましたが、これからの日本は、少なくともあと三〇年くらいは、人口が減少することはもう決まったことですし、労働人口も当然減っていく。需要が減るのですから、経済的な成長もなかなか望めないと思います。地球全体のことを考えても、これ以上成長しないほうがむしろいいと思うのですが、世の中にはまだ成長しないといけない、成長したいと思っている人もいる。そこに一つの問題があります。

もう一つは、日本という国の大きさが非常に中途半端というか、超大国でもないし小国でもない。これが南洋の島国だったら成長とか人口減少とか考えずにのんびり幸せに暮らしていけるのかもしれない。しかし、いまや日本は、衰えたとはいえ世界有数の経済大国です。国際社会の中での役割や存在感もある。

文明ということを考えると、ハンティントンはたしかに日本は独立した文明だと言ってくれましたが、よその国にも影響を及ぼすのが文明だと定義すると、少なくともいままでの日本「文明」はそれほど世界に発信されていない。そんなふうに、非常に曖昧な国ということになるでしょうか。

鈴木　日本は地政学的にも歴史的にも、長い間世界の流れから孤立していましたからね。私はよく言うのですが、川の淵に窪みがあって、そこで流されてきた木の葉がクルクル廻っている。日本の存在は、「世界」という名の川の流れとは無関係に窪みにある渦みたいなものだったんです。世界の流れからは離れているというか超然としているというか。そのくせ世界の影響はしっかりと受けてきた。でも世界の川の流れには自分のほうからはまったく影響を与えないできた。少なくとも七〇年代の高度成長期までは。

ところがここにきて、これまで約五〇〇年間世界をリードしてきた西欧先進国様がお疲れになって、だいぶ息切れもされてきた。そこでこれまで受けた恩恵に対して、お疲れ様という感謝の気持ちを持って、今度は日本が西欧に代わって世界のリーダーになっていくべきだ――というのが私の主張です。

いつも言うのですが、渡り鳥の群の先頭は風をもろに受けて疲れるんです。だから鶴でも鴨でも必ず先頭はしばしば代わる。風圧が凄いから。ヨーロッパ各国にはこの五〇〇年間先頭を飛んでもらったんだから、「ご苦労様でした。ありがとうございます。お蔭様で私もここまで飛んでこれました。お疲れのようですから、ここで私が代わりましょう」という低い姿勢で静かに世界に語りかけてちょうどいい頃だと思っています。

平田　その風圧に日本と日本人は耐えられるのか。これまでの西欧各国やアメリカのように、世界の警察、世界の経済の中心になれるのか。いやはたしてなるべきなのか？　その点はどうでしょうか？

鈴木　私はこう考えます。これまでの世界は、基本的にはマッチョな世界、「力こそ正義の世界」でした。どちらが強いか。どちらの国が高筋肉質か。ローマ時代以降、そういう競争を人類は繰り返してきました。力の強い者が支配する。

ところが私の考えるこれからの日本の戦い方は違う。相手を力で打ちのめすのではなくて、言わば獅子身中の虫となって、強大国の身体を内側からじわりとコントロールする。私は最近「タタミゼ・ウイルス」と呼んでいますが、日本は自分をウイルスだと定義すればいい。マッチョ的な力は小さいから、ライオンどころか牛にだって正面から向かい合えば踏みつぶされる。ところがウイルスなら、ライオンや虎が昼寝しているスキにちょっと耳の穴から入ったりして、じわっと体内から相手を攪乱する。ライオンが目覚めてみたら、なぜだか喧嘩はもうやめたいと思うようになったりと性質が変化してしまっている。これまでの攻撃的な生き方から平和的な生き方に変わっている。

　このようにこれからの日本はこれまでとは戦法が違うんです。いままでのように武力や戦力で張り合う、そして強い者が勝つというやり方ではなく、相手を内面から変えてしまう。そういう戦い方なら日本もやれると思います。そしてこのような戦法は、日本は不戦非武装国家であり続けるべきだと主張する人々も賛成するでしょう。まさに「獅子身中の虫」になるのです。

　日本はたしかに世界を相手に「俺についてこい」という従来型のリーダーには絶対なれない。けれど人類の進歩、発展の流れがバランスの限界を超えて「自滅」のほうに振れているいま、その揺れを元に戻すためには、日本のような協力、共存、調和を重んじるリーダーが必要なんです。その意味は、薬と毒は本質が違うのではなくて、ある人の体重に対する量の問題であるように、どんな良薬でも、お医者さんが分量を間違えてたくさん与えてしまうと患者は死ぬ。同じように人間にとっての便利とか豊かさ、楽しさというのは度を過ぎると毒になる。いま先進国は豊かさ、便利さの過剰による中毒死の状態です。対してアフリカ諸国とか途上国などは文明の利益をまだ充分もらっていない。そういう格差が広がっている。そこをうまく埋めるリーダーが必要です。

平田　文明の薬と毒の分岐点に関して、エネルギーを例にしてもう一度考えてみましょう。先にも話しましたが、専門家に聞くと、京浜工業地帯や大阪あたりの大消費地を抱える地域の電力の自立は難しいけれど、他の自治体だと県レベルでエネルギーは再生可能になっているそうです。長野県では二〇五〇年を目標に、完全に外からのエネルギー輸入が不要になる状態を目指している。いまそれに向かって計画を立てて頑張っているところです。いわゆる「エネルギーの地産地消」が可能になる。あと三〇年ちょっとですね。多くの地域で、節電と水力、風力、太陽光発電の組み合わせで、ほぼエネルギーはまかなえる。四七都道府県のうちで四二、三の自治体は大丈夫と言われています。あとは東京の人口を減らせばいい。

鈴木　そのとおり。二〇二〇年に五輪があって、東京はもっと発展するといわれているけれど、その考え方は逆です。東京は大きな天災や直下型の地震に襲われたらひとたまりもない。世田谷や杉並なんて、消防車も通れない道がたくさんあるでしょう。私はそういう状態を是正するために、発展ではなくて足踏みというか、当面はいまのサイズを維持しながら安全性を高めるために人口を含めて徐々に縮小していくべきだと思います。

ですから私はリニアモーターカーの建設に反対なんです。それよりもむしろすでにある新幹線の弊害や問題点を減らすことにお金を使うべきです。線路や高架設備が老朽化しているし、トンネルなんかも危ないでしょう。安全対策にもっと投資が必要です。何年も前から言っているのですが、どうしてシートベルトを装備しないのか。そして全国にはまだ新幹線の路線が伸びたほうがいい場所もまだあります。

でもリニアをつくっても利益がある人はほんの少しで、そのために何百億円も使うのは無限発展の妄想に取りつかれている証拠です。

世界的には日本でリニアが実用化されることを勲章のように言う人もいるけれど、私は新幹線網の充実で十分だと思う。そして新幹線のいま持っているマイナス面や矛盾点をなくして、新幹線がまだきていない地域に路線を伸ばしていく。国内でひどく局在化している富と資源のこのような地域的再配分が優先されるべきだと思います。

人口が減ることを真面目に議論しよう

平田　ぼくは、いまのところ、人口が減るのは仕方ないと思っています。実際、減少を食い止めるのは、現実的に不可能です。この現実は受け入れなくてはならない。問題は減少するカーブがきつすぎることだと思います。あまりにも急激に減りすぎる。これでは対応が難しい。

鈴木　そもそも日本では人口が減るということが、真面目な議論になっていないわけでしょう。まずは減っていくことを真面目に議論することが第一で、政治や社会のテーブルに乗せないといけない。いままでは「減ると困る、どうやって増やすか」ばかり語られてきたけれど、「どのくらい減るのか」「減るとどうなるのか」が議論されていないんです。

こういう時にヨーロッパの学問を切れ切れバラバラに学んだ日本の官僚とインテリが想像つかないことは、「人口が減っちゃ困る」という時に、「人間が減っているだけじゃなく、動植物も減っている」という人間と共存共栄のしくみにある「生態系の崩壊」の問題も並行してあるということ。その問題に答える政策がないんです。

閉ざされた宇宙船「Spaceship Earth＝地球号」の中で、人間だけが増える、減るの問題を抱えているのではなくて、人間と一緒の乗客である動植物も猛烈に減ってしまっている。このまま進むと、人間が食べるものも着るものもなくなる。そういう地球全体のバランスを考えて人間の数を考えるという発想は人間至上主義的な世界観をもつ欧米人には難しい。だから私は、そういう発想ができるのは日本人の

「売り」だと思っているのです。

平田　たしかにそうなのですが、それでも多少潮目が変わってきていると思うのは、自治体レベルですと、まちづくりの長期総合計画などでは人口減少は当たり前の前提になっていることです。どこの自治体も、人口が増えるなんていうことを前提にしている間抜けな政策は、もはや立てていません。ところが国だけがまだ、経済成長を前提とした政策になっている。これは現実を無視したおかしなことなんです。

鈴木　ほんとうですね。だから民主主義が機能していないわけです。自治体を形成している国民一人一人の意見が票になって政党ができるはずなのに、国家の上のほうで政治家や官僚が勝手に空想の踊りを踊っていて、国民は冷めているわけですからね。

平田　もう一つ面白いのは、前にも話した小豆島とか隠岐島とか、島という閉鎖した生態系だと意外と人口が維持できることがわかってきた。もちろんピーク時からは減っているのですが、ある程度減るとその状態を維持できる。小豆島は三万人ならば維持できることがわかってきた。おそらくその辺に国家としても持続可能性へのヒントがあると思います。

鈴木　たとえばこの日本列島で人口がどれくらいなら安定的になるのか、その場合どの程度の生活レベルなのか、というような試算とか発想がもっと真剣に議論されるべきだと思うんです。増えるとか減るとかの抽象的な議論ではなくて。もっと科学的に試算できるでしょう。

問題はこれから我々人間がどれだけ贅沢をするか、エネルギーをどれだけ消費するつもりかということであって、それを戦前のレベルに戻せというのも難しいけれど、私たち老人は「昔はこんな無駄な使い方はしていなかったよ」ということを知っている。だから私たち戦前の暮らしを知っている老人が死なないうちに、「どんどん老人から昔の暮らしの話を聞け！」ということを私は一生懸命に言っているんです。

老人も自信をなくして引っ込んでいるからいけないんであって、もっと自分たちの経験や知識を発信したほうがいい。つくづく感じるのは、レストランなどでご飯を大盛りにしてくるから「半分にしてください」というと、「残してください、捨てるからいいですよ」と言う。「それじゃ、もったいないでしょう」と言っても意味がわからないらしい。以前、外国の政治家で日本語の「もったいない」に共感した人がいましたが、若い日本人自身が「もったいない」の意味を忘れてしまっている。それがすごく残念ですね。

欧米の日本文化の受け止め方

平田 先生がおっしゃる「タタミゼ」という言葉ですが、当初フランス人はこの言葉をあまりいい意味で使っていなかったようですね。「日本人化しちゃうよ」というような揶揄《やゆ》の意味で使っていた。ところがだんだん変わってきて、いまでは敬意を持って語られていると聞きます。そもそも一口に西洋人といっても、アメリカ人、フランス人、ドイツ人で日本文化に対する受け止め方はちょっとずつ違うと思うんですね。

これは前回も話したことですが、フランス人の面白いところは、自分にはよくわからないけれど何か価値がありそうなものに対しては、ちょっと尊敬するところですね。小津安二郎や北野武の映画とかが、一般的にも人気があります。ところがアメリカ人の多くは、自分がわからないと駄目なんです。わかりやすいものしか受け入れられないという傾向がある。

鈴木　「何事の　おはしますかは　知らねども　かたじけなさに　涙こぼるる」みたいなものを感覚的にわかるのがフランス人ですね。

平田　そうなんですね。ほんとうにその感覚は面白いと思います。人間的なところや仕事の進め方では明らかにドイツ人と日本人のほうが近いと思うんですよ。計画性があるとか細かいところまできちんとやるとか。そういう点では日本人とフランス人では違うんですが、文化のある側面は非常に似ているところがある。だから相互理解とは、ほんとうに一つ一つ細かいところまでちゃんとみていかないといけないと思います。韓国、中国、東南アジアも同様です。「アジア」などとひとくくりにできるものではない。

もちろんアメリカについても、戦後これだけアメリカ文化が日本に入ってきた。

プロ野球とかコカコーラとかハンバーガーとか。日本とアメリカとの共通点もやはりあると思うんです。やはり日本人はアメリカ文明が好きですね。

鈴木 そう、ただしスポーツで言えば、日本人はアメリカンフットボールが駄目でしょう。あまり人気が出ない。本当のアメリカの神髄は野球ではなくてアメフトなんです。つまりローマのコロセウムでの奴隷の殺し合いの流れです。皇帝が「殺せ」と合図すると勝者は敗者を殺してしまう。群衆も喜んで「殺せ、殺せ」とアピールする。あの熱狂をスポーツ化したのがアメフトです。アメリカでは四大プロスポーツといって、もちろん野球も人気だけれど、本当に凄い人気なのは野蛮性をむき出しにするアメフトです。そういう各国の文化の神髄も、知っておいたほうがいいですね。

しんがりのリーダー論

平田 先ほど先生は「日本が世界のリーダーへ」「タタミゼ・ウイルスのリーダー

論」を語られましたが、大阪大学の元総長で、ぼくを阪大に呼んでくれた鷲田清一先生という哲学者が、やはり最近リーダー論を語っています。それは、日本に必要なリーダーシップは、人をぐいぐい引っ張っていくリーダーではなくて、これからの日本は負け戦をうまく戦っていくしかないので、最後のしんがりを仕切るリーダーシップも必要なんじゃないかという指摘です。「けが人はいないか？」とか「逃げ遅れたやつはいないか？」とか見て回って、「ここは俺が踏ん張るから、お前たちは先に逃げろ」という「しんがりのリーダーシップ」が必要だと主張されています。

鈴木　なるほど、でもしんがりって一番難しいんですよ。何となしに「落ち穂拾い」みたいな寂しさもあるし。

平田　その寂しさに耐えられるかどうかも、日本の課題だと思います。そのうえ、日本は負け戦が下手なんじゃないかという心配もあるんですが。

鈴木　それは戦争慣れしていないからです。戦争慣れしている人間は、戦争を始めるとき、今度の戦争はどこまでやるか、止めるタイミングを探しながら戦争をします。ところが日本は歴史的に見てあまり対外戦争の経験がないでしょ。だから「やる以上は最後まで」みたいな感じで後先考えずに突っ込んでしまう。やるという判断が働くと、合理性がなくなってしまう。損益分岐点がしっかりと把握できていれば、やればやるほど損のほうに傾くとなればそこで降参できるわけです。

その証拠に、世界観を共有している欧米諸国間の闘いは武器・弾薬がなくなったら白旗を掲げて降参する。平和条約を守って、相手も攻撃をやめる。そういうルールがあります。ところが日本軍は、「捕虜になるのは恥ずかしい、死ぬまで最後までやれ」でしょう。

つまり第二次大戦に際して日本軍は国際戦争での負け方を習っていなかった。『日本兵捕虜は何をしゃべったか』(山本武利著、文春新書)という本があるんですが、アメリカ人は捕虜になった時には認識番号だけを言ってあとは黙秘する。ところが日本人は腹を減らしている時に、むこうの将校から食べたこともないうまい食事なんかをもらうと涙を流して「何でもお聞きください」なんて、日本軍の布陣とか何でも喋ってしまう。敵からしたら、日本人ってなんて馬鹿なんだろうと思うわけです。

それは日本の刑事が犯人を落とすときと同じです。頑強に自白を拒むやつには、腹を減らさせて、「カツ丼の上《じょう》を自腹で食わせるよ」なんていって食べさせる。すると涙をポロポロこぼしながら「刑事さんにだけはすべてお話しします」なんて全部吐いちゃう。

こんなの日本人だけです。フランスでは自白はむしろ重い罪ですから。人が自白するのは、実はもっと重い罪を逃れるための自己防衛だと考えるからです。

平田　そもそもフランスなんていうのは歴史をみても戦争に負けてからが勝負ですからね。フランスは軍隊が弱いから戦争をやっても必ず負ける。隣国ドイツのほうが絶対に強くて、フランスはいつも負ける。ナポレオンだけが例外です。でも負けてからの外交が強い。負けるのを前提にして、織り込み済みであらゆることが計画されています。それはまったく日本にはない習慣です。

日本は負けを計算しないで闘いに挑む。第二次大戦も、いまの成長戦略も似ています。人間はすぐに過去の教訓を忘れる動物なんですね。

「地球市民」の感覚を持ちつつ鎖国する

平田　政治的な文脈でいうと、自民党の必死の巻き返しで野党勢力が衰退して政治状況が五五年体制に戻ってしまった。ただ、あの当時は日本が成長しているときだったから、野党は安心して自民党の政策に対して「反対」とだけ言っていればよかった。自民党はいいとこどりで、野党の主張を取りいれて、自由主義陣営の中で最も社会民主主義的な、ある意味では当時のソビエトよりも社会主義的な平等ないい国をつくってきた。

ところがいまは下り坂です。分配に余裕がないから、この状態で「反対、反対」とだけ言っていて野党は大丈夫なのか。対案を示せるような、日本型の二大政党制をつくっていかないといけないいんじゃないかと思います。もちろん、アメリカのように、本当に巨大な二大政党制は日本には向かないとも思います。もうちょっと緩やかな、中間政党もその役割が担えるようなシステムを、時間をかけてつくっていかないといけないのではないでしょうか。

憲法の議論にしても、中選挙区制って、とてつもなくうまくできていて、自民党が勝つにしても社会党が三分の一は議席をとって、憲法はいじれないようにできていた。だから逆に安心して保守も革新も憲法の話ができたんだけれど、いまは小選挙区になって選挙結果によって情勢はガラリとかわってしまうので、一時期変な政治家が出てくると変な憲法ができてしまうかもしれないという危険性がありますね。

そのあたりを考えて、日本に相応《ふさわ》しい政治システムを獲得したうえで、日本人が地球市民的な感覚を持つことができたらいいなと思います。逆説的ですが、それは地方自治体からしか醸成できないんじゃないかと思っているのですが。

鈴木　生物学の立場から言うと、「地球社会」という一枚岩の世界を描くことは幻想です。非常に理想的な人間のあり方としては、むしろ言語・文化の多様性を大切にして、世界中が各国バラバラでしかも可能な限りの鎖国をするのが一番平和なんです。日本が江戸時代二六〇年間鎖国というか、海禁政策をとったでしょう。その間ヨーロッパの国々は互いに血みどろの戦いを繰り広げ、征服に乗り出したアフリカ、北米、南米、オーストラリアの何千万という原住民を、まるで虫けらのように殺しまくったのです。
前にも言ったと思いますが、鎖国していた日本は、その間対外的な戦争はしないから、国土も国民もそんなに悲惨な状態にならなかったばかりか、化石エネルギーも使わないで済んだ。今日この瞬間からもし全世界が鎖国すると、戦争はいっぺんになくなるんです。だって物資のやりとりや人の移動がなくなるのと同時に、戦争もしないわけだから。

そういうありえない状況を想像してみて、「なるほど」とそこから今後の世界のあり方の新しいパラダイムを考えることも必要なんです。いまアメリカを中心に世界が進めているグローバリゼーションというのは、住んでいる環境も歴史も文化も様々に違う数十億の人間を一つのルールで、一つのスタンダードでくくろうという、ある意味で無茶苦茶な言語道断の発想です。

そんなことがまず無理なのは、寒いところと暑いところの人がどちらも満足する生活にするためには、暖めたり冷やしたりとやたらとエネルギーを使うことになる。

同様にこれまで魚しか食べていなかった人たちが肉を食べ始めたり、地下水だけで十分生活が成り立つ地域の人たちがミネラルウオーターを輸入したりするようになれば、たちまち膨大なエネルギーが必要となる。全世界の人が牛肉を食べ始めたら、餌となる草の育つ広い土地がたちどころに不足する。様々な理由で、グローバリズムには無理があるのです。

ですから私は「世界中で鎖国しよう」という、極端なことを考えてみることも必要だと思います。日本の学者はそのことをテーマに研究して世界に発信する。何しろ二六〇年にもわたる壮大な「鎖国の時代」という人体実験の実績と資料が日本国内に、しかも日本語で残っているのですから、外国に留学して金と時間を使って研究する必要がないのです。

二一世紀的な鎖国のシステム、戦争をなくしてエネルギー消費を抑えるシステムを考えて発表する。誤解を恐れずに言えば、日本の文学部はもう欧米の学問の後追いをやめて、これを主要テーマとして研究する必要がある。文科省が非生産的だから文学部をつぶすという方針は大間違いで、文学部は世界の歴史上初めての日本発のこの人間研究で世界平和に貢献すべきです。

平田　私は鈴木先生がおっしゃってきたことは、思想家の内田樹《たつる》さんのベストセラー『日本辺境論』（新潮新書）の先駆をなすものだと思っています、その内田さんも、ずっと「鎖国」を唱えています。

ある時私と、まだ民主党がまともだった頃の若手政治家と、内田先生の話を聞く勉強会を開いたことがありました。その時、内田先生がやはり「鎖国論」を語っていたんですね。そうしたら民主党の若手で、エリートだけどユーモアがわからないやつがいて、「先生、エネルギー問題があるから鎖国は無理です」ってけんか腰で言い出した。そしたら内田先生が一喝したんです。「それを考えるのが君たちの仕事だろう！」って（笑）。

でも先ほど申し上げたように、長野県一国だったら鎖国できる。高杉晋作ではないけれど、割拠論ですね。一つ一つの地域がまずある種の自立をする。鎖国という言葉を受け入れがたい人がいるなら、「自立」と呼んでもいい。食料的にも経済的にもエネルギー的にも、もちろん文化的にも自立する。特にエネルギー的に自立できれば、実質的には先生がおっしゃっているような鎖国に近い状態ができるんじゃないかと思います。二一世紀的な鎖国として考えれば、人は行き来してもいいけれど物はできるだけ行き来させない。フードマイレージのように、地産地消を優先する。

鈴木　自分のところで作った農水産物が地域から外に出て行かなければ、自ずとお金を外の経済圏に吸い取られることもなくなりますね。

平田　フードマイレージの考え方もそうですが、物が動くだけでエネルギーを消費するから、できるだけエネルギーロスがないように鎖国する。人はもちろん移動していいです。国際結婚もどんどんしてください。そういう新しいイメージの鎖国です。

鈴木　先日ある会でぼくが「エビアンなんて買うな、水をフランスから輸入するなんてエネルギーのばかげたロスをするな」と言ったら、たまたまエビアンの輸入元の人がいて、「先生、うちの商売をつぶさないでください」って言っていたけど（笑）。それはたとえばの話で言っているんですが、水道の水がまずかったら、なぜまずくなったかを調べて美味しくする研究をすればいい。わざわざ船や飛行機で外国から水を運んでくるなんてばかだと言ったんです。ただ、いま言われた国際結婚の点はどうかな。国内と数多くの植民地で何百年も異民族と一緒に住んだ経験のあるしたたかな英国人でさえ、今度のブレグジット（英国のEU脱退）の最大の理由が、国内に宗教や文化の違う移民がこれ以上増えると、イギリスがイギリスでなくなるという心配なんですよ。外国人慣れのまったくない日本人は、この問題だけは軽く見ないほうがよいと私は思います。

平田　おっしゃるとおりで、真剣に鎖国ということを考えてみるといいと思います。一種の思考実験として考えてみてもいい。どんな鎖国なら可能なのか、何を閉じて何を閉じないのか、何年くらいでできるのか。その結果どんな社会になるのか。そこに理想社会が見えたなら、それに近づける努力をすればいいわけですから。江戸時代も完全な鎖国だったわけではありませんし。

ぼくはずっと前から「四国鎖国論」を主張しています。同じ主張をされている学者もいて、通貨を日本国とは別にして四国円が一ドル＝二〇〇円とかにするといい。

農産品も輸出できるんです。

鈴木　私は前から「日本語を国連の公用語にしろ」と主張するときに、「一国でしか話されていないから駄目だ」という反論に対して「それならば、四国と九州、北海道そして沖縄を分離して、日の丸に何か少し細工した別々の国旗にして、ほら五ヵ国で話されているじゃないかと主張すればいい」と言ってきました。突飛な印象だろうけれど、そういうことを考えないといけないんです。中近東で話されているアラビア語など、この論法でいけばいったい何ヵ国語の言語になるのかわからないぐらいですから。

平田　割拠論というか、自治体が群雄割拠することを現実的に考えたほうがいいと思います。

地救原理主義とは

平田　先生がおっしゃられたように、現在の常識を疑ってみる。私たちはいまの生活を獲得するために何を犠牲にして、何が犠牲にならなかったのか。たとえば今の生活の便利さを二割諦めたらどんな社会が現れるのか。そのほうが日本社会やシステムが持続可能になるならば、二割なら便利さを諦めることに納得する人は多いと思うんです。五割諦めろと言ったら、「ちょっと難しい」という人が多いと思いますが。

鈴木　そうなんですよ。今日もこの部屋の蛍光灯が最初はついていたけれど、私が明るすぎるからと言って消してみてもなんの支障もなかったでしょう。頭を洗うときに最初から最後までシャワーのお湯を出し続けているとか、テレビをつけっぱなしにするとか、そういうちょっとした無駄を各自がやめればいい。人それぞれに「生活のこの部分で二割の贅沢をやめるよ」というようにやればいいというのが私の考えです。

平田　それは先生が書かれている「地救原理主義」をもとにした生活スタイルですね。

鈴木　「地救」って、文字どおり地球を救うの意味です。私は自分が日本人であるよりも地球人であると思っているのですが、各自が「俺は俺のやり方で地球を守っているよ」と考え楽しく行動するのが地救原理主義です。

大自然を前に無力な人間

平田　この対談で何度も出ていますが、日本人というのは本当に痛い目に遭わないと変わらないというか、地救原理主義も受け入れてくれないのかもしれません。だって福島であれだけの原発事故があっても喉元過ぎれば熱さ忘れるで、あっというまに各地で原発が再稼働し始めていますから。

あの震災の瞬間から数ヵ月は誰もが原発のことを考えたと思うんですけれど、そのことをすっかり忘れてしまった人たちがいる。もう一つは、それがイデオロギーの対立になってしまって、特にいまはネット社会なので、原発稼働に反対する人の中には、いま福島で暮らす人々やこれから帰還する方たちに酷い攻撃を加えてくる人もいたりする。ぼくは福島の高校でよく演劇の授業をしているんですが、「福島はものすごく危険なのに子どもをさらに危険に晒すのか」みたいな言い方をする人もいる。この不毛な対立をどう乗り越えるのかというのは非常に難しい問題だと思います。

鈴木　私は被災地の現場には行けていないのですが、あなたは偉いねぇ。

平田　特に子どもたちはあの震災のことを忘れていないです。ことにティーンエイジャーのときにあの震災を経験した子どもたちは、人間の生のはかなさに敏感になっている。津波被害の特徴は、生き残った者と亡くなった者を区別するものが何もないという点にあります。交通事故だったらスピードを出しすぎたとか飲酒したとか理由がありますが、津波は一切合切を飲み込んでいった。努力したから生き残れたとかではなく、本当にたまたま生き残ったという子どもたちなんです。

彼らに話を聞くと社会のことを本当によく考えていますし、日本の将来についても考えている。ぼくが教えているのは、震災後、双葉郡の五つの高校が休校になって、その受け皿として一五年に誕生した「ふたば未来学園高校」なんですが、「ぼくは一生懸命に勉強して東大にいって廃炉の勉強をします」とちゃんと語る一五歳がいる。そこに希望はあるのですが、そういう感覚を持っているのはあの震災を体験した子たちだけですからね。日本全体としては、あの震災は過去のものになりつつあります。

鈴木　あれだけの体験をすると、人間の努力や意志がいかに大自然の前で無力であり、生きていることが偶然であるかということがわかってしまう。助けたくても目の前でおじいさんが流されていく。自分は木にしがみつくしかない。泳いで助けにいったら自分も死んでいたはずだ。でもなぜ助けられなかったのか。そういうのが罪の意識になってしまったというような人がたくさんいますね。

それに対してヨーロッパ人というのは、血みどろの争いを数千年間続けてきて、人間の何とも救いのない不条理のどん底をとことん見てきた民族なので、メンタリティが日本人とは根底で違うんです。アジアでいえば韓国がそうです。韓国人は日本人と体質的には似ているのに何であんなに性質が違うのかといったら、とにかく周囲の中国、ロシア、日本といった大きな民族や文明に国土がひっきりなしに翻弄されている。プライドだけは滅法強いが、何とも気の毒な国ですからね。

何度も言いますが、日本は地政学上、日本海という障壁のおかげで大文明の影響は細々とくるけれどいやな恐い人間はやってこない。せいぜい元寇が一度だけです。ある日突然異民族がやってきて、「全員シベリアに行け」なんて言われたことがない。外国人によって目の前で女子《おんな》どもが槍で刺されることもなかったし、首をはねられたこともない。この前の戦争で空爆や原爆、艦砲射撃は受けたけれど、相手の顔が見えないから、雷の巨大なもののような非人間的な恐怖感覚しか残らない。人間的憎悪を日々募らせながらそれでもここで生き延びるしかないなんていう経験は、日本民族としてないわけね。いつも言うことですが、世界の大国で「宿敵」という存在のない国は日本だけですよ。

「問題解決能力」より「問題発見能力」

平田　ぼくはふたば未来学園で授業の一貫として演劇のつくり方をまず教えます。その後、生徒たちは町に出て、いろいろな人にインタビューをする。東京電力に行く子もいるし、町役場に行く子もいる。病院に行く子もいる。そこで大人たちにいろいろ質問して、双葉郡がいま抱えている問題を取材してきてそれを芝居にする。その時ぼくが説明するのは、「はっきりとした悪者はつくらない」というルールです。東電とか経済産業省は悪いに決まっている。でも、それを叩いてストレスを発散するような芝居をつくってもまず面白くない。それよりもなんでこんなに善意の人が集まっているのに復興が進まないのか、そちらをテーマにした劇のほうが面白いよと。

そうやっていくと複雑な人間関係が見えてくる。文科省はいま、「問題解決能力のある子」を育てようと言うのですが、ぼくはむしろ大切なのは「問題発見能力」あるいは「問題設定能力」だと思っています。現状をよく観察して「何が問題なのか?」「何が私たちを苦しめているのか?」を見極める。これが見つからないと問題解決に至らない。日本の学校教育は、以前よりはよくなっているとはいえ、相変わらず先生が「これが問題ですよ」と子どもたちに提出して、それを解決させようとしている。でも現実には、何が問題なのかをまず見つけないと前に進めません。

鈴木　自分の頭で問題を考える。自前のね。素晴らしいね。まさに私がずーっとやってきたことだ。

平田　開校した年からその授業を始めて、毎年一年生全員が受講することになっています。新設校ですから、二〇一六年度には二学年しかいないのですが、一年間やってみて先生たちからは「相当自分の頭で考える習慣がついた」という評価をいただいています。

そこでできた作品の最もいいものを、文科省のスーパー・グローバル・ハイスクールにも指定されているので、毎年海外にもっていって上演しています。ぼくは残念ながら一緒には行っていませんが、評判は上々のようです。

もともとぼくは水俣病と関わっていたことがありました。NHKからの依頼で、全国から優秀な中学生を集めて水俣病についての劇を作ってほしいと言われたんです。マレーシアとか、シンガポール、インド、中国、日本、それぞれの代表が六人ずつ一つの船に乗って、沖縄からスタートして旅をする。その中で環境について考えるという企画でした。

番組では日本の子どもたちが水俣病についての劇をつくってアジアの子に見せる。子どもたちに最初に言ったのは、「水俣病はチッソが悪いに決まっている。データを隠していたし、それを早く指摘しなかった国も悪い。だけどそんなことを東南アジアの子たちに言っても彼らは成長途上にある国の子だから、実感として受け止めてはもらえない。私たちは成長しちゃいけないんですか？　日本人のあなたたちだけ金持ちになってずるい、と言われる可能性さえある。だからもっと考えなさい」ということでした。

その時中学生たちが、水俣に暮らす家族を題材にしたとても素敵な作品をつくった。そうしたら、その上演に感動したシンガポールの子どもたちが英語に翻訳してシンガポールでも上演してくれた。胎児性水俣病の子どもを抱えた家族の葛藤を物語の中心に据えた。これだったらシンガポールの子どもたちにも共感をしてもらえる。その体験を下敷きにしてカリキュラムを組みました。

鈴木　実際にはどんな作品が生まれたんですか？

平田　福島には補償の相談所というのがたくさんあるんですが、そこに社会人になった高校時代の同級生が三人やってきていろいろ相談をする。それぞれ被災の状況が違って、問題は複雑です。さらに、そこにもう一人、高校時代の友人が通りかかって「おう」と声をかける。これは同級生なんですが、すぐに引っ込んじゃう。「あいつ成績よくって東京に行ったんだよな。なにやってんだ」という話になる。ところがあるきっかけで、その子が東電の社員だとわかる。

こういうことは福島では実際によくあることです。

そこで一番被災の大きかった子が東電の子に食ってかかる。でも東電の子も実家が被災していることがあとからわかって、結局、何も解決しないんだけどそれぞれの災害への思い、原発事故への苦悩がだんだんと明らかになってくる。

しかも食ってかかった役の子が、実際には親が東電社員なんです。東電社員役の子は一番被災が大きかった子で。その配役は自分たちで決めました。相手の立場に立って演じてみるということだったのかもしれません。

実際に福島は、すごく錯綜《さくそう》したというか、きれいごとでは済まない状況です。コミュニティが寸断されて、大人も子どもも疑心暗鬼になっている。避難地区の解除の問題でも、解除されると補助金が打ち切られるのではないかという心配もあって、帰りたくても帰れない、声をあげられない、いろいろな状況の人がいます。ぼくは帰っても帰らなくても生活が立ち直るまで補助すればいいと思うんですが、残念ながらそう簡単にはいきません。

そもそも東北は震災前から人的にも経済的にも疲弊していたところに震災がきたので、なかなか回復しない。「復旧はするけれど、復興はしない」とよく言いますが、元に戻しても、もともと過疎だったのだから状況は厳しい。いろいろな自治体の成功例を話してきましたが、全国をみていると難しい自治体もたくさんあります。まだ変われる余裕のある自治体と、その力さえない自治体がある。二〇年前に気づいて地道なまちづくりに着手していれば、なんとかなったかもしれませんが、手遅れの感のある自治体も多い。鈴木先生は三〇年以上前から様々な警鐘をお書きになっていて、その頃に鈴木先生の言うことをみんなが聞いていたら、日本はまだ変わる余裕があったと思うんです。いまでは、国全体が相当に貧乏になってしまって経済的にも精神的にも余裕がなくなりましたね。もちろん日本はまだまだ様々な資産のある国ですから、いまなら間にあうという希望も持っているのですが。

ビオスとゾーエー

鈴木　先ほどあなたが「地球のための憲法」をつくったらいいとおっしゃったけれど、たとえばフランス革命では「人間の平等」とか「連帯」とかの概念を世界に広めたでしょう。アメリカでは人民第一主義、今流に言えばピープル・ファーストを掲げた独立運動があったし、ロシアでは共産主義が生まれて「万国の労働者の団結と権利」を主張したりした。でもつまるところ、どれも人間の世界だけを視野に置いた「世界」の話なんです。ヨーロッパ的な文化文明の大黒柱は人間至上主義、人間中心主義だから、宇宙船地球号のすべての乗客、つまり動植物から微生物までを含めた、世界全体の生態系のバランスには考えが及ばないんです。

だからこそ今は西欧とは違った、古代からのアニミズム的な世界観をまだ完全には捨てずに保持している日本の出番だと私は言うのです。人類がこのまま人間中心主義で突き進んで人間の都合だけを考えて環境を悪化させ、資源を食い尽くしたら、この美しい地球を我々人間の手で滅ぼすことになる。だから憲法といっても、人間世界だけを視野に入れた法律としての憲法ではなく、地球の崩壊をくい止めるために、全生物のことまでを視野に入れた、哲学的な発想にもとづく人類の最高規範を考える理念的な枠組みをつくる必要がある。

それはせいぜい一〇〇年のスパンでいいと思います。一〇〇〇年、二〇〇〇年の先には地球上の生物もどれだけが生き残っているかもわからない。そしてもっと時間がたてば、いずれ太陽だって冷えるんだから。私たちがいま住んでいる美しい、素晴らしい、これこそ是非子どもや孫に残したいと思っているこの現在の地球環境を、世界中の人が手を携えて、何とか壊さないようにする。その取り組みを日本がリーダーになって始めないといけません。

私は動物生理学を専攻されている本川達雄先生の書かれた『生物学的文明論』（新潮新書）で初めて知ったのですが、古代のギリシャでは、生命に対して「bios＝ビオス」と「zoe＝ゾーエー」という二つの言葉があって、ビオスというのは人間も含めてすべての生物が生まれてから死ぬまでの、「個」としての生命を指すのです。この言葉は近代ヨーロッパ語では英語の *biology*（生物学）などに入っています。一方でゾーエーというのは、祖先から自分という個を経て子孫へとつながる種族継続の意味での「種」としての生命を指します。こちらは動物園を意味する zoological garden などに表れています。

今、欧米では個人主義がますます発達してビオス的な思想が強いけれど、日本は比較的ゾーエーの意識がまだ強く残っている。たとえば伊勢神宮の式年遷宮《しきねんせんぐう》なんていう、二〇年に一度すべての建物を建て替えるという儀式は、土に埋めた柱などの木材が腐って元の形が分からなくなる前に、職人技を親が子に伝え継ぐためにあると言われています。また、お正月だって昔は数の子、豆類、ちょろぎなど、子孫が増えるための縁起物の食べ物が添えられていたものです。結局、人間、いや生物すべての個々の生命とは、祖先から受け継がれてきたＤＮＡを子孫に伝えるための種《しゅ》の生命のリレー走者の一人にすぎないというのがゾーエーという考え方なんです。

この意識を世界の文明国では日本がいま一番強く持っている。なぜかというと日本は古代文明をかなり残したまま、ユーラシア大陸の一神教に呑み込まれないでやってきた、外に影響を与えもしないし、外の文明をもろに受けもしない、いわば孤立文明だったからです。

ですから近代化した日本は、表面的にはかなり「西洋」と話が通じるようになったけれど、中心の芯が違うという二枚腰文明なんです。私は先ほど言われた地球憲法というものに、このゾーエーの概念を取り入れたらいいと思う。現在アメリカ文明が極端なビオスを主張して、個の尊厳とか権利、自由ということがうるさく言われているけれど、それが行き過ぎてむしろ地球規模の様々な難しい問題を引き起こしている。

一番象徴的なのは、LGBT（性的少数者）の問題です。トランスジェンダーとバイセクシャル、ゲイなど。小学校で男子トイレに女子が入るのが今、問題になって、そのことを州の法律で決めないといけないなんていうのは、すべてビオスの意識が強すぎるから生まれているのです。

その点、日本の便所は昔から男女一緒です。以前は別荘地の軽井沢でも、駅の便所は一つで男女が並んで待っていた。ところがアメリカは男女を分けないといけないということで、空港の端と端に男女の便所が分かれていて、娘を連れていたときにどっちに入っていいか迷ったことがあります。

それが今では日本でも欧米の影響によって同性婚が一部で認められたりしている。いろいろな考えがあるけれど、種の永続を担う走者が個人の存在理由だとするゾーエーの立場から見れば、よくないという考えになる。いままでの単なる人間中心的な観念的な議論ではなくて、生物というものの全体を考えると、どんな生物も個を犠牲にしてでも生命の連鎖を切るまいとする。その本能があるから種として生き長らえてきた。

ところが人間だけがいつのまにか、その鎧《よろい》、しばりを切ることが進歩だと思う方向に入り込んでしまい、いま破滅しそうになっている。自分で自分の首を絞めかかっている。進歩だ発展だと言いながら、自分の墓穴を足元まで掘り進めているのが現状です。新しい日本発の地球憲法には、このビオスとゾーエーのバランスの問題を入れるべきだと思います。そういう地球規模の一つの生物としての人間の生き方にかんする憲法なら大賛成です。

平田　私はＬＧＢＴに関しては、肯定的な立場ですし、いろいろ支援もしてきました。多様性という意味でも、ＬＧＢＴも認め合う社会のほうが持続可能になるのではないかと思います。この点は、鈴木先生と考えの違うところかもしれません。

地球規模の憲法とは

平田　地球憲法に関しては、二つの考え方があると思います。一つは国連憲章の中に入れるというもの。もう一つは日本国憲法の中にそういう要素を入れるというもの。この対談の主旨から言うと、日本国憲法の中にその要素を入れるというのは凄くいいアイデアだと思います。日本が地球の一員として名誉ある地位を得ることにもつながりますから。

鈴木　未来への先見性を日本が初めて世界に発信することになりますからね。一つの文明の「人類史に残る功績」ということを考えると、日本はそういうことをしないといつまでも「ヨーロッパの真似じゃないか」、「インドのお釈迦様の影響下にあるじゃないか」、「孔子の思想を学んだんだろ」と言われ続けることになる。もらってばかりじゃ済まないから、日本も舞台に上がった主役として存在感を示さないといけない。私は以前から「いつまでも黒子じゃいけない、いざとなれば表に飛び出て活躍するクロコダイルなんだということを日本は自覚しろ」と言っている（笑）。日本はそろそろ日本一国の繁栄ではなくて、これからの人類世界が進む道に対する気宇壮大な展望を発信しないといけない。地球憲法はいい考えですね。大賛成です。

平田　鎖国論を言いながら「若者よ世界を目指せ」というと、読者は混乱するかもしれませんが、若い人たちに若い感性の時に世界をみておいてもらうというのは必要なんじゃないかと思います。

鈴木　大学を卒業する前に、必ず一年間海外に行く。しかも誰もが行きたがるフランスやイタリア、アメリカではなくて、なるべく欧米じゃない国や地域に行く。国際化時代に対応するためと言うなら、そういうふうに大学改革をしたほうがいいということを、私は以前から主張してきました。

平田　ぼくも一六歳の時に一年半かけて自転車で世界を横断しました。あの体験は自分の原点の一つになっています。時には見ず知らずの人の家に泊めてもらったり、本当に楽しい旅でした。そしてもう一つ、学部時代の韓国留学が、私の演劇論の基礎になっていることは、最初に述べました。

鈴木　楽しいばかりじゃなくて、ホームステイしてひどい目に遭ったり、旅先で出会った若者と語り合ったり、そういう体験は生涯の財産になりますね。エネルギー多消費型のただの観光旅行ではいけないと思います。

平田　先生がおっしゃった観光という概念は、アメリカがつくったモデルです。アメリカ人の観光というのは、世界中どこにいってもアメリカ的な生活ができるような設定になっている。ホテルはすべてアメリカ資本がつくって、冷暖房つきの観光バスで世界を駆け巡る。それをさらに進化させた形が「ＪＡＬパック」でした。自分の文化をそのまま持ち込んで、サファリパークのような感覚で異文化をみている。そうではなくて、若者には現地に飛び込んで異文化に揉まれてほしいですね。

鈴木　一時カニ族といって背中に大荷物を背負ってユーラシア大陸を歩く若者が多かったじゃない。ああいう若者は最近はいないんですか？

平田　いまは減ってきています。特に男子が駄目です。女子のほうが勇敢ですね。

鈴木　ぼくはラボ教育センターという子ども相手の言語教育団体に長く関わってきたのですが、あそこはホームステイ型の国際交流をアメリカと長く続けて四〇年以上になる。中学生中心にアメリカの田舎の農家に泊まって「家族と一緒に牛の世話をしました」なんて報告してくる。あれは素晴らしいですね。

平田　私が関わっているいくつかの自治体では、たとえば希望者全員に一ヵ月、市の予算で海外にホームステイをさせる制度を検討しています。文科省もスーパー・グローバル・ハイスクールという制度をつくって、選ばれた高校の生徒たちを毎年何人か異文化に送り込む活動を始めました。

お節介なアメリカ人

平田　ただ、この「グローバル・ハイスクール」という言葉が、名前からしてださいんですね。スーパー・グローバルってのは、いかにもかっこ悪い。グローバルという言葉自体、すでに世界的にはマイナスのイメージです。ありがたがっているのは日本だけ。少なくともヨーロッパでは、アメリカナイゼーションの意味で、世界を一色に染める気持ち悪い言葉になっています。

鈴木　私が初めてアメリカに行ったのは二五歳の時。まだ日本がアメリカによる占領中で朝鮮戦争が始まった直後でした。当時ガリオア奨学金制度というのがあって、アメリカが日本に対する戦争の勝利に酔って、我々を招いてくれた。早く日本もアメリカのようないい国になりなさいという意味だったのです。それが後にフルブライトに変わるんです。

平田　ぼくも一六歳の時のアメリカでは、アメリカ人の懐の深さというか、親切心に感動しました。

ぼくはいま主にフランスで仕事していますが、若い大学生と話していて、「好きな国はどこですか？」と聞かれると、なかば意図的に「アメリカ」と答えます。多くのフランスの学生はとても嫌な顔をします。フランス人はアメリカ人をすごく馬鹿にしていますから。しかし、アメリカ人は一人一人はすごく親切ですね。私自身は、やはり大好きな国です。ただ、その親切を外にまで持ち出すと、過度なお節介になってしまう。

鈴木　そもそもキリスト教という宗教がお節介なんです。「救われなくていい」といっている人間まで「救ってあげる」という。拒否すると「悪魔じゃ」といって殺すわけです。他人が自分と違うことが我慢できない。それが異端排除の思想です。なにかと理由をつけて異端と認定すると公開で火あぶりにする。そういう残酷な歴史を持っていますね。この点、仏教は自分が救われることに関心の重点があるため、他の人を引き込む折伏とか強制をあまりしない。だから仏教徒同士の大規模な宗教戦争がほとんどないのは、一神教のような他者を救う、他者を巻き込む「お節介」性が少ないからです。

平田　先生もお書きになっていますが、アメリカは世界で最も外国語教育が少ない国です。そもそも多民族国家なのに、異文化に対する許容度は最も低い。私たちのように長年英語で苦しめられると、当然自分たちと違う文化があると骨身に沁みてわかるんですが、多くのアメリカ人にはそういう想像力が少ないので、あの親切なアメリカ人が、世界の警察官を自認して親切の押し売りをしてしまう。

鈴木　私は鳥が好きで、ミシガン大学にいたときに鳥を見ながら道を歩いていると、「歩いているのは可哀相だ」、「どこまでいく、乗っていけ」と車が近寄ってくる。「歩きたいんだ」ということがわからないんですね。彼らにとっては歩くというのは公園でも歩くことを言うんで、道というのは車で走るものだと。そういう自分たちの常識以外のことがわからない。「歩きたいんだ」と言うと、「やっぱりアジア人はわからない」という顔をして走り去っていきます。

そういう意味ではアメリカ人は独善というか、Nosy Parker といいますが、人の家に鼻を突っ込んでお節介なことをやる。日本にもお節介な人はいるけれど、アメリカは世界規模のお節介。見ちゃいられないという感じで口を出してくるわけですが、見ないでください、ほっといてよという感覚がわからないんでしょうね。

平田　ぼくが韓国の延世大学に留学していたとき、韓国語学堂には各国の若者がごちゃまぜで勉強していました。同じクラスにアメリカ人もドイツ人もフィリピン人もいて、圧倒的に成績が優秀なのは日本人と在日韓国人です。日本語と韓国語は文法が近いから、当然のことです。授業は基本的に韓国語しか使わないメソッドで、先生も英語が喋れなかった。

その時「私は教室にいます＝キョウシル・エ・イッスムニダ」というのと「教室で勉強します＝キョウシレソ・コンブ・ハムニダ」という例文が出て、「に」と「で」の使い分けの理由をアメリカ人が質問しても、先生は「覚えてください」としか言えない。そうしたらアメリカ人が切れちゃって、「韓国語は不合理だ」と怒り出した。ぼくは唯一教室の中で英語が多少できる日本人だったから、「あんたたちはそう言うけれど、be 動詞だって I と you で全部受けが違うじゃないか。お前ら何を勝手なことを言ってるんだ。この事例は、『存在する』と『一般的な動詞』のときとが違うだけで、韓国語や日本語のほうがシンプルじゃないか」と言ってやったんです。そしたら「ほ〜」と感心していた。それぐらいのインテリジェンスを持った人でも、外国語を習った経験がないからそのレベルなんですね。普通の人はハイスクールでフランス語をちょっと習う程度。しかも単位のためで、文法も似ていますから、外国語体験にはなりませんね。

下り列車の先の未来

平田　ぼくは二〇一六年の春に『下り坂をそろそろと下る』を上梓しましたが、当初は『下り坂をおおらかに下る』でもいいかなと思っていました。「そろそろ」は価値観ではないので、「おおらかに」とか「鼻唄まじりで」とかそういう感覚で下山できないかとイメージしたんです。かつて高度成長時代には、「上り列車」に乗っていい学校にもいったし、いい会社にも入ったわけですが、いまは逆になっている。下り列車の先にある地域のほうが活き活きしている。島なんて、下り列車のそのまた先の船に乗らないと行けない。でもそういう隠岐島とか小豆島のほうが面白いし思想的には進んでいます。

たとえば岡山県の奈義町では、高校がないから生徒は隣の津山高校という進学校に通います。小中学校時代は地元なんで、子どもたちはのびのびと学んでいるのですが、高校は県立高校なんです。先生方は「岡山大学に何人入れるか」で評価されるから、受験勉強しか教えない。進学というのは上り列車でいくものだと思っている。地域の課題解決なんて、まったく意識にありませんね。

鈴木 東大に受かるための勉強は、実はヨーロッパ人の世界観が学問そのもののベースになっています。世界史の教科書にも、ヨーロッパの十字軍がいかに悪いことをしたかとか、トルコ人の立場とかいうことはまったく書かれていない。日本はすでに独り立ちして、一応世界的な視野をもてているのに、なぜいまだにヨーロッパに肩入れして、ヨーロッパ的視点で世界を見ないといけないのか。だから受験勉強をするほうが頭が固くなるんです。

平田 これも前回話しましたが、ところが島の高校くらいになると、県教委もあまり手を出せないようです。なぜなら島の人たちが自分たちの高校だという意識があるから。島の高校は、例外的に地域のためにカリキュラムを組めるんです。島の人たちも、生徒を自分の子どものように受け入れて、様々な活動を一緒にやる。仕事を教えたり、課題を一緒に考えたりする。島前高校では「島親《しまおや》制度」というのがあって、休日には留学してきた子どもたちを自宅で受け入れています。岡山の津山高校も、本来は津山・美作《みまさか》地区の高校であるべきなのに、その意識が変わっていない。そういう高校が全国にはごまんとありますね。

その意識を変えたらすごい教育改革になるんですが、一番抵抗するのは高校の先生方でしょう。だって受験勉強のほうが教える側としては楽ですから。地域の課題解決カリキュラムなんて、やったことないことをやるのは凄く大変です。

でもそういうのが得意な先生に言わせると、アクティブ・ラーニングといって子どもたちに考えさせる授業をやっているほうが楽だと言います。課題を発見して解決する道筋を説明すれば、子どもたちが勝手にやってくれるから、その間に次の授業の準備ができる。そこでは、おそらく先生方の「人間力」が問われます。先生方の質が変わらないと、日本の教育は変わらないでしょうね。

鈴木　明治の開国期に日本はヨーロッパに習う必要を認めて、欧米的な価値観を中国のように頑なに拒否しなかったから急速に成長した。だけど、もうとっくに習うものがなくなって、日本が世界に教える立場になっているのに依然としてヨーロッパを手本にしている。歴史ほど立場によって違う見方が必要な学問はありませんよ。

私は慶応大学で三〇年くらい前に、アジアの新興国の指導者を招いて「アジアと日本」という主題の国際セミナーを開いたことがあります。その時もほかの偉い先生方は「ヨーロッパからも呼ぼう」と言ったんですが、私は「アジアだけだ」と譲らなかった。私が委員長になって、「日本人はアジア人を軽蔑する明治以来の無意識の構造を心の中から追い出さないと駄目です」と言ってその主張を貫いた。よく、「日本人はバナナだ。黄色い顔のくせに心は白人のつもりでいる」と他のアジアの人から言われる。日本人はアジアからは石油、木材、果物、宝石はほしいけれど、人間はいらないとほとんど無意識に拒否してきた。いまでも外国人を招いてホームパーティーをやるといって、白人がいないと「どこに外国人がいるの?」なんていう人もいる。外国人というと、華やかな欧米人をイメージする人が、やっぱり多いですね。

あなたは韓国に留学したりヒッチハイクに行ったり、そういうところが素晴らしいと思いますね。

平田　ありがとうございます。ヒッチハイクじゃなくて自転車の旅ですが（笑）。

鈴木　そうか。そりゃ失礼。

最後になりますが、地球の中ではファーイースト、文字どおり極東という世界の果てに花開いた日本文明ですが、ハンティントンが小さくても独立文明だと認めてくれたのはありがたいけれど、彼の視野に完全に抜けているのは、日本文明の特徴として「古代性が残っていながら現代性がある」ことです。二枚腰、二重性がある。ラテン語でヤヌス（Janus）、顔が二つある双面神型の文明で、だから東西の架け橋に最適。その格別な特長を意識して誇るべき財産にしなければ。

でもヨーロッパ人には日本のそういう二重構造が見えない。だから日本特殊論といって、日本がすごく発展すると「ずるい」とか「裏で何かやっている」とか日本の攻撃が始まる。そういうときは、「言語と文化の基本が違う我々は、君たちに見えない物を見ているんだ」とはっきり主張すべきです。

日本にしょっちゅう来る外国の友人は、日本で日本語を学び日本文化に触れているうちに、不思議と初めはうるさい雑音だと感じていた蟬の声が、何だか気持ちよい音楽に聞こえるようになったと言います。外国で蟬の声はあくまでうるさいノイズ、雑音・騒音なんですね。

日本では昔から「虫めづる（愛する）姫君」とか加賀千代女《かがのちよじょ》のつるべに絡まった朝顔のつるを、切らずに助ける歌とか、「草木国土悉皆成仏《そうもくこくどしっかいじょうぶつ》」という世界観を持っている。この点で、日本文明はこれから世界全体の文明に対して立派な手本になれる。これが日本のもつタタミゼ効果です。私はそう確信しています。

平田　伝統的な食べ物なんかを見ても、漬け物とか鮒鮨《ふなずし》とか味噌とか醬油とか、発酵食品が豊富です。動物性タンパク質も、明治開国までは牛も豚も食べないでどうにかやってきました。常緑樹も多いし、自然と共生しやすい環境にある。これらをうまく使えば、日本には輝かしい未来がある。これからは、それらを謙虚に、しかし大胆に世界に発信していきたいですね。

あとがき

鈴木孝夫

私はごく最近まで迂闊《うかつ》にも平田オリザなる人がどんな方かを、私自身が劇作とか演劇にあまり関係がないためかまったく知らなかった。でもいろいろな新聞・雑誌の書籍の広告などで、よく見かける一風変わった目立つ著者名なので、きっと何かで有名な日本在住の外国人、それも女の人だろうと勝手に想像していた。というのも私の専門が言語学であるために、オリザと聞けばついラテン語での米《こめ》を意味する言葉に関係があるのではと思ってしまうからだ。

ところが知り合いのノンフィクション作家神山典士氏が、ある日、この平田オリザさんが、先生と対談をしたいと言っていますがどうでしょうかと突然私に言ってきたので、その方は一体どんな人でどうして私と話がしたいのかと尋ねてみて驚いた。

なんと平田オリザさんは歴《れっき》とした日本男児の有名な演劇人で、この方の父上が日本はコメが大事な国だからと、息子にオリザというラテン語の名をつけたのだと。そしてなぜ私と話がしたいのかというと、このオリザさんがかつて日本の近代演劇の、なんとも我慢できない不自然なバタ臭い言葉遣いや無理な発声法に、言い知れぬ違和感を感じて悩んでいたとき、私が昔書いた『ことばと文化』（岩波新書）に出会い、これだ！　そうなんだ！　と長年のもやもやが一気に消え失せたとのこと。

このように欧米人ではない日本人としての無理のない自然な、自分なりの話し方で、のびのびと演劇がやれることに気づくきっかけを与えてくれた恩人が、他ならぬこの鈴木孝夫なので、何かの機会があれば一度お目にかかりたいと思っていたということで、私は二度びっくりしたというわけである。

さて、東京大学駒場キャンパスの近くの平田さんの仕事場で初めてお目にかかったオリザさんは、意外にも私が何となくその多彩な経歴と肩書から想像していた、頭脳明晰な鋭い理論家にありがちな硬い感じのまったくしない、何とも親しみやすい顔つきの好青年といった風貌の方だったのでまたびっくりした。

オリザさんの言われるには、どの言語にも日常何気なく人々が使うことばづかいには、社会の仕組みが違い文化が異なると、そこには様々な、その言語社会特有の細やかな決まりや了解があるはずなのに、日本とはまったく違う西洋の人々が、互いに彼らの言葉でやり取りしている演劇を日本に取り入れたこれまでの人々は、このような点にまったく無頓着だった。鈴木孝夫の『ことばと文化』の「第六章　人を表すことば」を読んで、これほどまで日本語と西欧語では、まったく性質の異なる人間関係が親子や親族の間に存在するのに、それに気づかずに個々の単語だけを日本語に置き換えて翻訳文を作り、しかも会話での声調や力点の置き方の言語による違いをも無視したやり方で演出しているのだから、日本の演劇がとんでもないゲテモノになるのは当然だ。日本の演劇は西洋の言語とはまったく違う日本語の仕組みに沿って、日本的な感覚を生かして演じられなくては駄目だとのオリザさんの確信と情熱は、このように私の処女作である『ことばと文化』を契機として爆発したのだという、私としては何とも学者冥利に尽きるお話だったのである。

実はこの対談に備えて、編集部が参考にと事前にオリザさんの書かれた幾つかの本を送ってくれた。私は当然、演劇関係の著作だろうと思って手にとってみてそこでもまた驚いた。なんとその中には『下り坂をそろそろと下る』と題する一冊があって、そこではこのテーマが様々な具体的な日本各地での体験や意図的な実験などを踏まえて、実に説得的に展開されているのだ。

つまり私が以前から主張してきた、《日本はさらなる経済成長なんてとんでもない、いや日本だけでなく人類全体は、いつのまにか迷い込んでしまった現在のような、あらゆる物資や商品の大量生産、大量消費、そして大量廃棄を当然としながらさらなる高みを目指すという、出口のない袋小路から一日も早く抜け出なくては地球が危ない。我々人類はもはやさらなる高みを目指す登山ではなく、あらゆる生物の複雑さを極めた連携的共存共栄をも視野に入れた、全生態系の持続的安定（sustainability）こそを目標とする下山の時代を迎えている》といったことと、ほとんど違わない考えに基づく、これからの日本人の生き方に対する処方箋が、この小さな本に溢れているのである。

というわけでこの対談は、私としても燃え尽きる寸前に、図らずも若き同憂の士を得たといった具合の、ある種の高揚感のようなものを感じながら、本当に楽しく進めさせてもらうことができた。

しかしこのあとがきを書くにあたって、整理された原稿を改めて読み直してみて、誠に残念なというか、申し訳ないことに気づいた。それは私の娘たちよりもずっと若いオリザさんを前にして、ただでさえ相手に気遣うことなく勝手にしゃべりまくるという悪癖を持つ私が、この対談でもかなり一方的に話を進めて、オリザさんのほうは、初対面の〝老先生〟を前にして言いたいこと、反論したいことをぐっとこらえられている様子が、私にははっきりと感じられることだ。私としてはオリザさん及びこの対談を読んでくださる方々に対して、この点一言お詫び申しあげる次第です。

平成二十九年二月二十日

【対談構成】
神山典士（こうやま　のりお）
1960年埼玉県生まれ。96年、『ライオンの夢　コンデ・コマ＝前田光世伝』で小学館ノンフィクション大賞優秀賞を受賞。2014年、「週刊文春」で作曲家・佐村河内守氏のゴーストライター問題をスクープし、第45回大宅壮一ノンフィクション賞（雑誌部門）を受賞。著書に『ペテン師と天才　佐村河内事件の全貌』など多数。

【著者】
鈴木孝夫（すずき　たかお）
1926年東京生まれ。慶応義塾大学名誉教授。専攻は言語社会学。著書に『ことばと文化』『教養としての言語学』『日本語と外国語』『日本語教のすすめ』『閉された言語・日本語の世界』『新・武器としてのことば』『人にはどれだけの物が必要か』ほか多数。

平田オリザ（ひらた　おりざ）
1962年東京生まれ。大学在学中に劇団「青年団」結成。戯曲と演出を担当。現在は大阪大学CO・デザインセンター特任教授。戯曲の代表作に『東京ノート』、著書に『演技と演出』『下り坂をそろそろと下る』ほか多数。

平凡社新書841

下山の時代を生きる

発行日——2017年4月14日　初版第1刷

著者————鈴木孝夫・平田オリザ

発行者———下中美都

発行所———株式会社平凡社
東京都千代田区神田神保町3-29　〒101-0051
電話　東京（03）3230-6580［編集］
　　　東京（03）3230-6573［営業］
振替　00180-0-29639

印刷・製本—株式会社東京印書館

装幀————菊地信義

© SUZUKI Takao, HIRATA Oriza 2017 Printed in Japan
ISBN978-4-582-85841-9
NDC 分類番号361.5　新書判（17.2cm）　総ページ208
平凡社ホームページ　http://www.heibonsha.co.jp/

落丁・乱丁本のお取り替えは小社読者サービス係まで直接お送りください（送料は小社で負担いたします）。

平凡社新書　好評既刊！

735 谷川 雁 永久工作者の言霊　松本輝夫
「沈黙の一五年」の謎を含め、曲折に満ちた生涯、その実践の数々を描く。

807 こころはどう捉えられてきたか 江戸思想史散策　田尻祐一郎
日本人は「心」とどう向き合い、表現してきたのか？江戸思想史を中心に探る。

808 これからの死に方 葬送はどこまで自由か　橳島次郎
多様化する死のあり方の自由の範囲と制約の条件を、生命倫理の専門家が問う。

809 人間が幸福になれない日本の会社　佐高信
日本企業を蝕む病根はどこにあるのか。変わらぬその封建性にメスを入れる。

818 日本会議の正体　青木理
憲法改正などを掲げて運動を展開する〝草の根右派組織〟の実像を炙り出す。

822 同時通訳はやめられない　袖川裕美
第一線で活躍する同時通訳者が表には見えない日々の格闘をユーモラスに描く。

839 「おもてなし」という残酷社会 過剰・感情労働とどう向き合うか　榎本博明
過酷なストレス社会を生き抜くために、その社会的背景を理解し、対処法を考える。

840 あきれた紳士の国イギリス ロンドンで専業主夫をやってみた　加藤雅之
これが本当のイギリス!?〝新米主夫〟が体験した唖然、茫然の日常。

新刊、書評等のニュース、全点の目次まで入った詳細目録、オンラインショップなど充実の平凡社新書ホームページを開設しています。平凡社ホームページ http://www.heibonsha.co.jp/ からお入りください。